Customer-Data-Plattformen

Jonas Rashedi · Lena Mauer

Customer-Data-Plattformen

Grundlagen, Systeme, Implementierung und Prozesse

 Springer Gabler

Jonas Rashedi
Rashedi Consulting GmbH
Waldbronn, Deutschland

Lena Mauer
SAP Deutschland SE & Co. KG
Eschborn, Deutschland

ISBN 978-3-658-40539-7   ISBN 978-3-658-40540-3   (eBook)
https://doi.org/10.1007/978-3-658-40540-3

Die Deutsche Nationalbibliothek verzeichnet diese Publikation in der Deutschen Nationalbibliografie; detaillierte bibliografische Daten sind im Internet über http://dnb.d-nb.de abrufbar.

Planung/Lektorat: Angela Meffert
Springer Gabler ist ein Imprint der eingetragenen Gesellschaft Springer Fachmedien Wiesbaden GmbH und ist ein Teil von Springer Nature.
Die Anschrift der Gesellschaft ist: Abraham-Lincoln-Str. 46, 65189 Wiesbaden, Germany

Anstatt eines Vorwortes: Ein Tag in einer perfekten Welt

Rafael und Marcus sind zwei Männer um die 30 Jahre (was keine Diskriminierung einer anderen Altersgruppe darstellen soll), die sich gerne Fahrräder kaufen wollen. Allerdings haben die beiden Männer sehr unterschiedliche Vorstellungen und Bedürfnisse. An dieser Stelle zeigt sich die bekannte Marketingproblematik, dass sich potenzielle Kunden sehr häufig nicht mehr nach soziodemografischen Kriterien entworfenen Zielgruppen zuordnen lassen. Vielmehr ergeben sich die Zielgruppen für Rafael und Marcus aus der Vielzahl der Daten, die die beiden auf unterschiedlichen Kanälen generieren: Marcus hat fast keine Erfahrung mit Fahrrädern. Er besaß in der Kindheit eines, aber seitdem hatte er keines mehr. Er möchte mit dem Fahrrad gerne in die Natur und sich etwas sportlich betätigen, hat aber keine genaue Vorstellung davon, welches Rad zu seinen Bedürfnissen passt. Rafael hingegen ist seit Jahren aktiver Radsportler und besaß über die Jahre hinweg mehrere Rennräder. Nun möchte er sich ein Gravel-Bike kaufen.

Wir haben also zwei potenzielle Kunden für einen Fahrradhersteller mit unterschiedlichen Erfahrungshintergründen und unterschiedlichen Reifegraden bzgl. des Fahrradkaufes. Daraus leitet sich auch ein jeweils anderer Informations- und Beratungsbedarf sowie eine unterschiedliche Erwartungshaltung der beiden Männer ab. Diesen Informations- und Beratungsbedarf zu erfassen und zu analysieren sowie geeignete Maßnahmen abzuleiten, ist meiner Auffassung nach die Aufgabe von uns als Marketern im 21. Jahrhundert.

Sowohl Marcus als auch Rafael sind zunächst im Internet aktiv und suchen Informationen. Dabei nutzen sie sowohl Herstellerseiten als auch von Herstellern unabhängige Seiten, bspw. Blogs oder Testberichte. Während Marcus jedoch zunächst grundlegende Informationen sucht („Welches Rad passt zu mir"?), recherchiert Rafael nach spezifischen Informationen zu den am Markt verfügbaren Gravel-Bikes inkl. Tests und Erfahrungsberichten auf den gängigen

Fahrradblogs. Beide registrieren sich bei einer Hersteller-Seite mit Namen und E-Mail-Adresse für einen Newsletter und buchen einen Termin in einem nahegelegenen Fahrradladen. Durch das Tracking der Aktivitäten beider Nutzer auf der Webseite des Unternehmens konnten beide User (bzw. potenzielle Kunden) mit jeweils zusätzlichen Informationen hinterlegt werden. So wird Marcus bspw. eine geringe Kaufwahrscheinlichkeit zugeordnet, da er sich auf der Webseite des Händlers alle unterschiedlichen Modelle angeschaut hat und sich grundlegende Blogartikel durchgelesen hat. Rafael hingegen erhält eine hohe Kaufwahrscheinlichkeit, da er mehrere Tage hintereinander die Produktseite eines bestimmten Modells aufgerufen und dieses auch schon in seinem Warenkorb platziert hat. Zusätzlich zum Fahrrad hatte sich Rafael bereits für Zubehör interessiert, da er dieses für die geplanten längeren Fahrradtouren benötigt.

Nach der Suche im Internet gehen beide unabhängig voneinander in ein Fahrradgeschäft des gleichen Herstellers. Rafael, weil er nun ziemlich genaue Vorstellungen von dem zu erwerbenden Rad besitzt, sich aber bei der Sitz- und Rahmenhöhe nicht ganz sicher ist und das ausprobieren möchte. Für Marcus verlief die Suche im Internet nicht so erfolgreich und er hätte gerne eine umfassende Beratung bezüglich des für ihn passenden Rades.

In einer nicht perfekten Welt werden die beiden Männer unabhängig voneinander zwar höflich begrüßt, sind aber dort trotz des Kontaktes in der Online-Welt vollkommen unbekannt. Demzufolge muss der Berater in den Gesprächen jeweils herausfinden, welchen Wissensstand die beiden Männer besitzen und wie er sie am besten beraten kann. Und wollen wir ehrlich sein: Die Gespräche mit erfahrenen Mitarbeitern sind auch ohne weitere Informationen meistens sehr zielführend, aber es bedarf immer einer erneuten Bestandsaufnahme bzw. der Zusammenfassung der Informationen, welche eigentlich bereits bereitwillig vom potenziellen Kunden auf anderen Kanälen zur Verfügung gestellt worden sind. Auch in dieser nicht perfekten Welt nimmt sich der Berater dieser Aufgabe an und kann den beiden Männern weiterhelfen. Rafael entscheidet sich für ein Gravel, das er bereits zuvor im Internet gesehen hat. Dieses ist zwar nicht vorrätig, ihm wird aber eine baldige Lieferung zugesichert. Marcus weiß zwar nun, dass für ihn ein Mountainbike passen würde, er kann sich jedoch noch nicht entscheiden. In der Folge gehen die beiden Männer nach Hause. Bei der nächsten Internetnutzung bekommen beide Männer Werbung für Fahrräder des Herstellers angezeigt, dessen Laden sie aufgesucht haben.

In einer perfekten Welt gestaltet sich die Situation etwas anders. Auch in der perfekten Welt suchen die beiden Männer das Ladengeschäft des Herstellers auf, sind aber dort keine Unbekannten mehr. Im Hintergrund hat eine Software auf

Basis der jeweiligen Internetrecherche sowie der Newsletter-Anmeldung ein Profil hinterlegt. Der Mitarbeiter besitzt, sofern er die beiden potenziellen Kunden nach ihren Namen fragt und deren Profile in der Software aufruft, einen sehr guten Überblick über den bisherigen Kenntnisstand der beiden Männer sowie deren Beratungsbedarf. Er kann darauf eingehen und die beiden Männer passend beraten. Die Beratung führt zu einem ähnlichen Ergebnis wie in der nicht perfekten Welt: Rafael entscheidet sich für ein alternatives Gravel, das er bereits zuvor im Internet gesehen hat, ihm aber im Netz zu teuer war. Das von ihm präferierte Gravel ist aktuell zwar nicht verfügbar, durch die Informationen, die der Verkäufer hatte, konnte dieser aber in Kombination mit dem Zubehör die Attraktivität des teureren Rades für Rafael steigern. Marcus ist noch unschlüssig, da er im Kaufprozess noch nicht so weit fortgeschritten ist wie Rafael und er sich erstmal eingehender mit der Thematik Mountainbikes beschäftigen möchte. Der Verkäufer hinterlegt bei beiden Kunden den Besuch des Ladenlokals mit den jeweiligen Ergebnissen in der Software. Rafael weist er darauf hin, dass dieser sich über eine Applikation für mobile Geräte über den aktuellen Lieferzustand seines Fahrrades informieren könne.

Auch in der perfekten Welt bekommen beide Männer bei der nächsten Internetnutzung Werbung vom entsprechenden Fahrradhersteller ausgespielt. Allerdings unterscheidet sich die Werbung inhaltlich: Rafael erhält keine Werbung mehr für das Fahrrad, sondern Hinweise zum Download der App und weitere Werbung zu Fahrradzubehör. Marcus hingegen erhält Werbeanzeigen zu unterschiedlichen Mountainbikes des Herstellers sowie eine Einladung zu einem Social-Media-Live-Event per E-Mail.

Ich persönlich würde als Kunde gerne in der perfekten Welt leben und ein personalisiertes Shopping-Erlebnis genießen – und dann bin ich auch gerne bereit, meine Informationen zu teilen. Die perfekte Welt stellt aber keine Utopie dar: Vielmehr ist die angesprochene Softwarelösung in Form einer sog. Customer Data Platform (CDP) bereits auf dem Markt verfügbar und wird von unterschiedlichen Herstellern angeboten. Eins vorweg: Es muss nicht immer die **eine** Lösung geben. Hinterfragt eure Architektur und überlegt, wie ihr ggf. mit kleineren Anpassungen ähnliche Shopping-Erlebnisse schaffen könnt.

Dieses Buch setzt sich mit unterschiedlichen Entwicklungen im Marketingumfeld auseinander, die starke Treiber für den Einsatz einer CDP sind. Neben einer Abgrenzung zu anderen Softwarelösungen wie BI-, CRM- und DMP-Systemen geht mein Buch auch auf unterschiedliche Arten sowie mögliche Einsatzszenarien von CDPs ein. Sehr praxisorientiert zeige ich des Weiteren auf, wie sich der Auswahlprozess einer CDP gestalten kann und welche Maßnahmen im Rahmen einer Implementierung sowie des ersten Betriebes notwendig sind. Schließlich gehe ich auch auf künftige Entwicklungen und einige Spezialthemen im Zusammenhang CDP ein.

Unsere gemeinsame Aufgabe, so meine feste Überzeugung, ist es, alle Tage des Kunden zu perfekten Tagen zu machen.

Danksagung

Mein besonderer Dank gehört David Deronja, Benedikt Jostes, Alexander Siebel, Erik Schleicher und Dominik Mergler – dem Team von valantic, die das Kapitel zur Implementierung und den Betrieb von CDPs übernommen haben. Als technologieagnostischer Implementierungs- und Beratungspartner blickt valantic auf eine Vielzahl an unterschiedlichen CDP-Projekten zurück – von Start-ups bis hin zu Konzernen, u. a. mit Technologien von Bloomreach, CrossEngage, Salesforce und SAP. Ich bin froh, dass valantic dazu bereit war, ihr Fachwissen beizusteuern und einen ersten Einblick in diese spannenden Themen zu liefern.

Weiterer Dank gebührt dem Unternehmen SAP, das durch mehrere Use Cases dazu beigetragen hat, meine Ausführungen plastischer und greifbarer zu machen.

Herzlich möchte ich mich auch bei David M. Raab, Timo Decha, Daniel Distler, Christian Rödenbeck und Julius Widmayer bedanken. Christian Rödenbeck steuerte einen wertvollen Beitrag zum Thema Request for Proposal bei.

Hervorheben möchte ich des Weiteren die Unterstützung durch Peter Gergen, Chris O'Hara, Ratul Shah und Reyhan Yildiz. Schließlich gilt mein Dank auch den zahlreichen Testlesern.

Inhaltsverzeichnis

Abbildungsverzeichnis

Tabellenverzeichnis

Entwicklungen im Marketingumfeld als Treiber für den Einsatz von CDP

1

Zusammenfassung

Dieses Kapitel gibt einen Überblick über relevante Entwicklungen mit Auswirkungen auf das Marketing und Konsequenzen für den Einsatz von CDPs. Aus meiner Sicht sind dies zum einen kundenseitige Entwicklungen, zum anderen marketingbezogene, technische und schließlich auch rechtliche Entwicklungen. Datenschutzrechtliche Aspekte werden nicht betrachtet, da es sich hierbei um ein eigenständiges, sehr kompliziertes Thema handelt, zu dem nur Experten in diesem Bereich Stellung nehmen sollten.

1.1 Entwicklungen in Zusammenhang mit Kunden und Kundendaten

Was sind Kundendaten?

Eine erste Entwicklung mit Auswirkungen auf das Marketing und den Einsatz von Customer-Data-Plattformen (CDPs)[1] ist im Zusammenhang mit den Kunden und den Kundendaten zu sehen. Doch was sind Kundendaten überhaupt? Wir unterscheiden zwischen zwei Arten von Kundendaten: Dies sind zum einen Daten, die im Sinne der Datenschutzgrundsatzverordnung unter der Kontrolle des Kunden sind. Hierzu gehören bspw. Präferenzen, Einwilligungen des Kunden sowie Bewegungsdaten. Bewegungsdaten entstehen, wenn Kunden Webseiten oder Online-Shops besuchen oder Applikationen für mobile Endgeräte („Apps") nutzen. Bei Besuchen bzw. der Nutzung können u. a. Daten zu angesehenen Produkten, Verweildauern oder spezifischen Events (z. B. Anmeldung zu einem Newsletter-Versand) gewonnen werden. Analog dazu ist das Erfassen von Bewegungsmustern, Besuchsfrequenzen

---

[1] Fachbegriffe sind im Glossar am Ende des Buches erläutert.

und vergleichbaren Daten auch im stationären Handel möglich. Die zweite Art von Kundendaten sind die sog. transaktionalen Daten. Diese sind für das Unternehmen notwendig, um Gewährleistungspflichten erfüllen, Services erbringen oder Revisionsanforderungen gerecht werden zu können. Transaktionale Daten umfassen Daten zum Kunden wie den Namen, die Adresse und Kontaktinformationen sowie Daten zu abgewickelten Käufen: Welcher Kunde hat welche Produkte zu welchem Zeitpunkt in welchem Umfang zu welchen Preisen gekauft und dabei welche Bezahlmethode genutzt?

Kundendaten, zu deren Verwendung der Kunde die Einwilligung gegeben hat, können Unternehmen zu unterschiedlichen Zwecken verwenden, wie z. B.:

- Identifizierung einzelner Kunden,
- Segmentierung der eigenen Kunden, um bspw. Kampagnen zielgruppenorientierter und damit effektiver gestalten zu können,
- Ableitung von personalisierten Maßnahmen wie bspw. Produktvorschlägen und Kaufempfehlungen,
- Bestimmung des tatsächlichen Kundenwertes unter Berücksichtigung der Retourenkosten, um daraus bspw. Ableitungen für das Marketingbudget einzelner Kampagnen treffen zu können,
- Vorhersage des Kaufverhaltens durch die Einbindung von Künstlicher Intelligenz (KI),
- Verhinderung von Kundenabwanderungen.

Zunahme von Kundendaten – aber auch gegenläufige Entwicklungen
Du siehst: Kundendaten stellen einen erheblichen Mehrwert dar und besitzen insofern eine hohe Relevanz. Im Hinblick auf Kunden und ihre Daten ist eine Reihe von Entwicklungen festzustellen. So steigt erstens der Umfang an verfügbaren Kundendaten von Jahr zu Jahr an. Die Zunahme ist dabei in zwei Dimensionen zu betrachten: Zum einen stehen Daten über mehr Kunden zur Verfügung, da bspw. mehr Personen online einkaufen (=Breite), zum anderen stehen über den einzelnen Kunden mehr, d. h. detailliertere Daten zur Verfügung (=Tiefe). Diese Entwicklung hat mehrere Ursachen, wie z. B. ein zunehmender Anteil an Onlinekäufen oder Einkäufe über Apps. Bei diesen Einkäufen können Daten sehr einfach in digitaler Form generiert und weiterverarbeitet werden. Ergänzend dazu werden aber, wie bereits ausgeführt, auch im klassischen Einzelhandel vermehrt Daten generiert. Eine zweite Ursache für die zunehmende Verfügbarkeit von Kundendaten ist, dass zumindest ein Teil der Nutzer freiwillig persönliche Daten preisgibt. Dies ist insbesondere dann der Fall, wenn sich der Nutzer von der Preisgabe einen persönlichen Nutzen verspricht (z. B. Verwendung von persönlichen Informationen, um maßgeschneiderte

Werbungsangebote zu erhalten (=Tangible Value Proposition)). Einschränkend zu diesem Aspekt ist allerdings auch eine gegenläufige Entwicklung insofern feststellbar, als Kunden sensibler im Hinblick auf den Umgang mit ihren Daten werden. Dies ist eine direkte Folge der digitalen Reife der Kunden: Sie haben inzwischen verstanden, dass die bspw. bei einem Preisausschreiben zur Verfügung gestellten Daten zu unterschiedlichen Zwecken ge-, aber eben zum Teil auch missbraucht werden. Die Sensibilisierung betrifft auch den Umgang mit Cookies.[2] Diese werden von bis zu 90 % der Nutzer abgelehnt (vgl. Wolff, 2020). Einfluss auf die Ablehnung bzw. Zustimmung haben folgende Faktoren:

- **Der Grund des Seitenbesuchs:** Ein einmaliger Besucher einer Seite, der nur eine spezifische Information sucht, hat tendenziell eine ablehnende Haltung gegenüber Cookies.
- **Gestaltung der Banner:** Die optische Gestaltung der Banner hat ebenfalls Einfluss auf die Zustimmungs- bzw. Ablehnungsrate. Zu beachten sind bei der Gestaltung jedoch die gesetzlichen Vorgaben (z. B. keine Suggestion in der Formulierung).
- **Thema der Webseite:** Bei Webseiten mit sensiblen Themen wie bspw. Krankheiten oder Finanzen weisen Besucher in der Regel eine geringere Akzeptanz von Cookies auf.
- **Marke:** Bei Webseiten von vertrauenswürdigen sowie sehr bekannte Marken ist die Wahrscheinlichkeit höher, dass Cookies akzeptiert werden.

Zunahme der Datenquellen

Eine zweite Entwicklung im Kundenbereich ist, dass die Daten aus vielen unterschiedlichen Touchpoints generiert werden. Eine Ursache hierfür ist die Zunahme an Endgeräten, über welche ein Kunde mit dem Unternehmen interagieren kann (Desktop, Tablet, Mobilfunktelefone, Smart Watches, smarte Geräte im Haushalt …). Im Schnitt handelt es sich hierbei um 3,4 verschiedene Endgeräte pro Kunde. Unternehmensseitig führt dies dazu, dass für ein- und denselben Nutzer mehrere Kundenreisen angelegt werden (=Cross-Device-Challenge). Die unterschiedlichen Nutzerreisen werden von Analysetools wie z. B. Google Analytics nur in einem sehr geringen Ausmaß als zu einem Kunden zugehörig erkannt. Dadurch wird der Bildung von Datensilos Vorschub geleistet, da die Daten unternehmensseitig zumindest zum Teil in unterschiedlichen Bereichen und unterschiedlichen Systemen gespeichert werden. Weiterhin ist festzustellen, dass Unternehmen sowohl an Offline- als auch Online-Touchpoints Daten sammeln. Die Datensammlung erfolgt jedoch

---

[2] Siehe hierzu ausführlich die entsprechenden Ausführungen in Abschn. 1.2.

über verschiedene Systeme (z. B. online über Web-Analytics-Tools, offline über die Bonuskarte des Kunden bzw. das daran angeschlossene System und auch Informationen aus dem Callcenter sowie den Finanz- und Warenwirtschaftssystemen). Die Daten werden also in verschiedenen, voneinander unabhängigen Systemen gespeichert, zwischen denen kein Datenaustausch stattfindet. In der Konsequenz werden also für ein- und dieselbe Person mehrere Profile in unterschiedlichen Systemen erstellt – ohne die Chance, diese zusammenzuführen.

Kundenreise wird komplexer
Eine dritte Entwicklung ist im Zusammenhang mit der bereits beschriebenen Zunahme an Customer Touchpoints zu sehen. Diese führt dazu, dass die Kundenreise komplexer wird und für Unternehmen generell schwerer zu verstehen ist. Hieraus leitet sich für Unternehmen die Herausforderung ab, dem richtigen Kunden zum richtigen Zeitpunkt die richtige Nachricht an das richtige Gerät zu senden.

Supply Chain als wichtiger Bereich der Kundenerfahrung
Viertens ist festzustellen, dass ein Teil der negativen Kundenerfahrungen auf den Bereich der Supply Chain zurückzuführen ist, also dass bspw. ein Produkt zwar noch im Online-Shop bestellt werden kann, es aber nicht mehr verfügbar ist oder die Ware zu spät oder gar nicht beim Kunden ankommt. Um die negativen Kundenerfahrungen in Zusammenhang mit der Lieferkette zu reduzieren, sind Unternehmen gefordert, Daten (besser) zu nutzen.

Zusammenfassung
Insgesamt ist also in Zusammenhang mit den Kunden festzustellen, dass aus unterschiedlichen Gründen mehr Kundendaten zur Verfügung stehen, die oft in unterschiedlichen Systemen verarbeitet werden. Zudem erfolgt die Interaktion mit den Kunden gleichberechtigt über verschiedene Kanäle und Devices. Für Unternehmen resultiert hieraus zum einen die Herausforderung des Managements dieser Daten in Zusammenhang mit der Organisation und der Speicherung sowie dem Zugriff auf diese Daten. Dies zeigt sich bspw. in der bislang oftmals getrennten Handhabung von digital verfügbaren und den in CRMs gespeicherten Daten. Zum anderen zeigen sich auch durch die komplexer gewordene Kundenreise Herausforderungen in Zusammenhang mit der „richtigen" Ansprache des Kunden. Nicht zuletzt treten mit der Verwendung von Kundendaten auch rechtliche Fragestellungen auf.[3]

---

[3] Siehe hierzu ausführlich die Ausführungen in Abschn. 1.4.

Gedankenexperiment mit Rafael und Marcus

Hätten sich Rafael und Marcus vor zehn Jahren mit derselben Ausgangssituation für Fahrräder interessiert, hätte ihr Shopping-Erlebnis vollkommen anders ausgesehen:

- Es hätten viel weniger Berührungspunkte zwischen den Männern und dem Unternehmen existiert, an denen Daten hätten gesammelt werden können.
- Technologisch wäre es auch gar nicht möglich gewesen, an vielen Touchpoints Daten zu sammeln, zu verarbeiten und zu speichern, weil die Hardware noch nicht leistungsfähig genug war.

Erst durch die Entwicklungen der letzten Jahre sind wir jetzt in der Lage, unterschiedliche Daten von vielen Touchpoints zu gewinnen. Vor zehn Jahren hätte man über ganz wenige Kontaktpunkte im Kern die immer gleichen Daten gewonnen.◄

1.2 Markt- und Branchenentwicklung

Seit dem Jahr 2016 ist ein kontinuierliches Wachstum der CDP-Branche sowohl im Hinblick auf die Anzahl der Anbieter als auch der Angestelltenanzahl und der Finanzierungsgrundlage festzustellen. Das anfänglich sehr starke Wachstum mit einer Verdopplung der Anbieterzahl sowie der Zahl der Mitarbeiter innerhalb eines Jahres hat sich inzwischen abgeschwächt. In der zweiten Jahreshälfte 2021 nahm das Wachstum jedoch wieder deutlich an Fahrt auf (vgl. auch Abb. 1.1). Die Ursachen für das Wachstum liegen dabei bei den bestehenden Wettbewerbern und nicht bei denjenigen, die den Markt neu betreten. Aktuell (Stand Mitte 2022) stellt das CDP Institute in der Branche 151 Unternehmen mit einer Gesamtmitarbeiterzahl von mehr als 15.000 Angestellten fest (vgl. CDP Institute, 2022, S. 6). Die Mehrzahl der Anbieter stammt dabei aus dem US-amerikanischen (47 %) und dem europäischen Raum (36 %). Mit etwas Verzögerung traten auch Anbieter aus dem Asien-Pazifik-Raum in den Markt ein und machen aktuell rund 17 % der Anbieter aus (vgl. CDP Institute, 2022, S. 10).

Gartner geht in seinem Hype Cycle für digitales Marketing davon aus, dass CDPs sich bereits kurz vor dem Tal der Enttäuschungen befinden. Diese Phase stellt die dritte (ganz normale) Phase im Lebenszyklus einer Technologie dar. Die beiden ersten Phasen sind der technologische Durchbruch sowie frühe Proof-of-Concept-Stories (Phase 1) und der Gipfel der überzogenen Erwartungen (Phase 2)

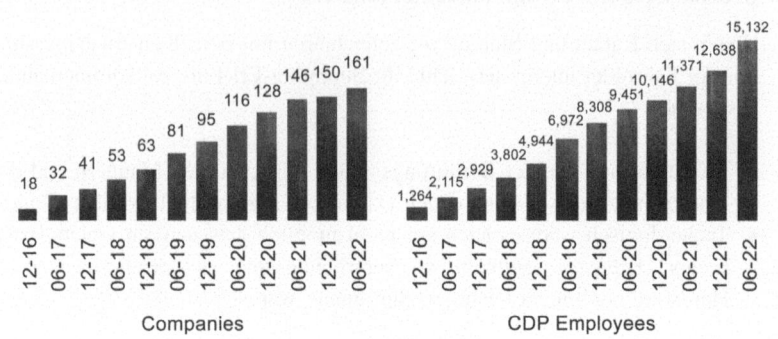

Companies   CDP Employees

Wachstum der CDP-Industrie

Abb. 1.1 Überblick über die Entwicklung der CDP-Branche. (Quelle: CDP-Institute, 2022, S. 6)

mit Erfolgsgeschichten, aber auch einer Vielzahl von Misserfolgen. In der dritten Phase, so Gartner, sind die Anbieter gefordert, ihre Produkte entsprechend der Anforderungen der Early Adopters zu verbessern. Unternehmen, denen dies nicht gelingt, werden zwangsläufig scheitern. Die anderen Unternehmen erreichen jedoch den Pfad der Erleuchtung (Phase 4) mit neuen Produktgenerationen und einem besseren Verständnis der Produkte seitens der Kunden sowie das Plateau der Produktivität (Phase 5) mit einer Einführung der Technologie auch bei konservativen Unternehmen (vgl. McGuire & Leachman, 2021, S. 5).

1.3   Technische Entwicklungen

Weiterentwicklungen in Zusammenhang mit Informations- und Kommunikationstechnologien

Von technischer Seite sind zunächst einige Weiterentwicklungen in Zusammenhang mit den Informations- und Kommunikationstechnologien zu nennen, die Einfluss auf das Kundenverhalten einerseits und die Möglichkeiten von Unternehmen andererseits haben. Diese werden aber an dieser Stelle nur holzschnittartig angeführt:

- **Exponentielle Zunahme der Leistungsfähigkeit von Prozessoren bei konstanten Produktionskosten:** Das nach Gordon Moore benannte Gesetz geht von einer jährlichen Verdopplung der Transistoren auf einem Chip und damit implizit auch von einer Zunahme der Performance aus. Empirisch ist zum aktuellen Zeitpunkt eine Verdopplung alle 18 Monate festzustellen. Möglich wurden dadurch z. B. leistungsfähigere und kleinere Endgeräte für die Kunden oder fortgeschrittene Analysetechniken für Unternehmen.

- **Sinkende Kosten für Speichermedien bei gleichzeitiger Zunahme des speicherbaren Volumens:** Zudem gewinnt die Datenspeicherung in der Cloud an Bedeutung. Hierbei ist festzustellen, dass im Jahr 2019 erstmals mehr Daten in Clouds als auf konventionellen Medien gespeichert worden sind. Diese Entwicklung ist natürlich insbesondere für viele Unternehmen relevant, bspw. im Hinblick auf die Fähigkeit zur Speicherung und Auswertung umfangreicher Datenmengen (=Big Data).

- **Zunahme der für die Datenübermittlung nutzbaren Bandbreite bei sinkenden Kosten:** Auch in diesem Kontext gibt es eine postulierte Gesetzmäßigkeit, die von einer Verdopplung der nutzbaren Bandbreite innerhalb eines Zeitraumes von sechs Monaten ausgeht. Für Kunden resultiert daraus z. B. die Möglichkeit zur ortsunabhängigen Nutzung mobiler Endgeräte, Unternehmen werden dadurch in die Lage versetzt, speicherhungrige Werbeformate einzusetzen (z. B. hochauflösende Videos).

- **Exponentieller Anstieg der für eine Auswertung zur Verfügung stehenden Datenmenge (=„Big Data"):** Die Daten stammen aus unterschiedlichen Quellen (z. B. Bewegungs- und Verhaltensdaten von Personen im Netz; über Sensoren automatisch generierte Daten) und weisen ganz unterschiedliche Strukturen und Formate auf (unstrukturierte Daten, semistrukturierte Daten, strukturierte Daten). Die Daten werden mit hoher Geschwindigkeit produziert und müssen häufig auch mit hoher Geschwindigkeit oder gar in Echtzeit verarbeitet werden. Eine Herausforderung ist dabei häufig die Datenqualität. Diese muss durch entsprechende Prozesse gesichert werden.

- **Vielfältige Möglichkeiten durch die Künstliche Intelligenz (KI):** z. B. im Hinblick auf die Automatisierung von Vorgängen oder das Erkennen bisher nicht identifizierter Zusammenhänge.

- **Zunehmende Relevanz mobiler Endgeräte:** Diese bieten die Möglichkeit, potenzielle Kunden an jedem Ort und zu jeder Zeit anzusprechen.

Zunahme der Kommunikations- und Interaktionskanäle mit den Kunden

Neben diesen als Rahmenbedingungen zu betrachtenden Entwicklungen ist festzuhalten, dass die Anzahl der Kanäle, über die Unternehmen mit Kunden kommunizieren, deutlich zugenommen hat. War es früher nur der Offline-Kanal mit bspw. Printwerbung, TV- und Radio-Spots sowie die persönliche Ansprache am Point of Sale (POS), so bestehen nun deutlich mehr Kanäle. Wie in Abschn. 1.1 ausgeführt, führt dies aber zur Herausforderung der Identifizierung einzelner Nutzer bzw. des Matchings verschiedener Profile auf einen Nutzer. Diese Identifizierung ist aber von entscheidender Bedeutung, um individuelle Nutzer über alle Kanäle hinweg zu identifizieren und damit ansprechbar zu machen, um mit ihnen auf eine möglichst zielgerichtete Art kommunizieren zu können.

Identifizierung von Nutzern über Cookies

Für werbetreibende Unternehmen ist es von entscheidender Bedeutung, Nutzer zu identifizieren. Nutzer von mobilen Endgeräten können über eine vom Endgerät ausgegebene, dauerhaft gleichbleibende Geräte-ID wiedererkannt werden. Die Geräte-ID ändert sich nur, wenn der Nutzer sie manuell zurücksetzt. Über die persistente Geräte-ID können mobile Nutzer also sehr leicht auch applikationsübergreifend identifiziert werden. Webbrowser verfügen hingegen nicht über eine dauerhafte ID, weshalb auf Cookies zurückgegriffen wird. Unter einem Cookie wird eine kleine Textdatei verstanden, in der Informationen über einen Nutzer gespeichert werden. So kann bspw. ein Warenkorb bei einem Online-Shop wiederhergestellt werden, auch wenn der Nutzer vor einigen Tagen die Seite des Händlers einfach verlassen hat. Konkret werden in Cookies Informationen zu besuchten Seiten, zu persönlichen Einstellungen oder Login-Daten gespeichert. Es kann zwischen zwei Arten von Cookies unterschieden werden:

First-Party-Cookies werden vom Webseitenbetreiber für Nutzer gesetzt, die auf der Webseite des Unternehmens unterwegs sind. Eine Wiedererkennung des Nutzers ist nur von der Seite möglich, die das Cookie ursprünglich gesetzt hat. Eine Identifizierung über mehrere Webseiten hinweg ist nicht möglich. Durch First-Party-Cookies ist der Webseitenbetreiber in der Lage, Nutzern wiederzuerkennen. First-Party-Cookies werden von Browsern unterschiedlich behandelt: Der von Apple entwickelte Browser Safari verkürzt bspw. die Lebenszeit von First-Party-Cookies, Brave blockiert diese vollumfänglich. Andere Browser schränken First-Party-Cookies überhaupt nicht ein. Third-Party-Cookies werden von einem Dritten gesetzt, also nicht durch die eigene Webseite. Über diese Cookies können Informationen zu besuchten Seiten sowie zu den Verweildauern auf diesen Seiten erhoben werden. Häufig werden Third-Party-Cookies durch Advertising-Systeme bzw. Mediaeinkaufssysteme gesetzt, um Werbung auf der Seite schalten zu können. Dies ist möglich, da ein Nutzer über mehrere Webseiten hinweg nachverfolgt und wiedererkannt werden kann. Letztendlich können Third-Party-Cookies also zur Markierung von Nutzern verwendet werden, um diesen bspw. im Sinne eines Retargetings Werbeanzeigen einblenden zu können (vgl. Wlosik, 2022).

Herausforderung in Zusammenhang mit Cookies
Aus technischer Sicht bestehen in Zusammenhang mit Cookies nun einige Herausforderungen. So können Cookies von Drittanbietern generell durch entsprechende Software blockiert oder durch den Nutzer manuell gelöscht werden. Auch wenn der Nutzer den privaten Modus bzw. den Inkognito-Modus nutzt, werden Cookies zumindest bei einigen Seitenzugriffen blockiert. Eine weitere Herausforderung ist, dass ein Cookie grundsätzlich nur von demjenigen Webseitenbetreiber gelesen werden kann, der das Cookie erstellt hat. Um Nutzer webseitenübergreifend identifizieren zu können, muss z. B. erst eine Cookie-Synchronisierung vorgenommen oder ein entsprechendes Tracking-System eingesetzt werden. Hierbei treten häufig Einschränkungen auf, bspw. in der kanalübergreifenden Messbarkeit von Clicks oder Impressions.

Des Weiteren kann diese Synchronisierung auch nicht immer vorgenommen werden, sodass hierbei ein Verlust auftritt. Die größte aktuelle Herausforderung in Zusammenhang mit Cookies ist aber, dass sowohl Browser als auch Ad-Blocker standardmäßig Third-Party-Cookies blockieren, d. h. diese nicht zulassen. Dies trifft bspw. aktuell bereits auf die Browser Safari, Firefox und EDGE zu. In Deutschland besitzt jedoch Google Chrome den eindeutig höchsten Marktanteil (Stand November 2021: 48 %). Doch auch Google kündigte für das Jahr 2024 das Ende von Third-Party-Cookies an. Google argumentiert in diesem Zusammenhang, dass durch dieses Vorgehen eine bessere Nutzererfahrung generiert und für die Nutzer eine privatere und sicherere Umgebung geschaffen werden könne. Damit sinkt für Unternehmen bzw. Werbetreibende sowohl die Möglichkeit zur Generierung von Nutzerdaten als auch zur webseitenübergreifenden Adressierung von Nutzern.

Weiterentwicklungen in technischer Hinsicht sind die sog. Intelligent Tracking Prevention (ITP) sowie die Enhanced Tracking Protection (ETP). Diese sind in Zusammenhang mit First-Party-Cookies zu sehen: First-Party-Cookies wurden bislang von Browsern bzw. Adblockern ausgenommen, da sie zur Gewährleistung der Nutzererfahrung notwendig sind und damit einen hohen Nutzen für den Anwender generieren. Allerdings können unter bestimmten Voraussetzungen auch First-Party-Cookies zum Tracking genutzt werden (bspw. über das Facebook-Pixel). Mit der ITP lässt sich nun identifizieren, ob First-Party-Cookies einen Nutzer über verschiedene Webseiten hinweg identifizieren können. Ist dies der Fall, dann wird das entsprechende Cookie blockiert. ETP stellt ein Feature des Browsers Mozilla Firefox dar: Es löscht alle 24 h sowohl alle First- also auch Third-Party-Cookies. Davon ausgenommen sind nur Cookies von Seiten, die der Nutzer innerhalb der letzten 45 Tage genutzt hat. Dadurch soll bspw. ein unbeabsichtigtes Abmelden von Social-Media-Diensten verhindert werden (vgl. AWIN, 2020).

Ähnlich gestaltet sich die Situation im Mobile-Bereich: So blockiert bspw. Apple Mobile AD-IDs ohne User Opt-in. Mit iOS 14 führte Apple die Technologie ATT (App Tracking Transparency) ein, die ein app-übergreifendes Tracking durch die Blockierung des Identifier for Advertisers (IDFA) unterbindet. Auch für die Android IDFAs ist für das Jahr 2022 von einer Einschränkung der Weitergabe nutzerspezifischer Daten auszugehen. Allerdings soll das Vorgehen weniger streng als bei Apple und an das Privacy-Sandbox-Konzept angelehnt sein. Die Privacy Sandbox geht auf Google zurück und stellt ein Maßnahmenbündel dar, das personalisierte Werbung bei gleichzeitiger Achtung der Privatsphäre ermöglichen soll. Zum Schutz der Privatsphäre des Nutzers sollen Third-Party-Cookies unterbunden werden, aber für Werbetreibende relevante Informationen direkt im Browser selbst gespeichert werden. Auf diese Daten sollen Websites in eingeschränkter Form Zugriff erhalten. Dadurch kann der Nutzer in ein spezifisches Segment (z. B. Autoliebhaber im Altersbereich zwischen 29 und 39 mit einer Vorliebe für selbstgekochtes Essen) eingeordnet werden, sodass ihm passende Werbung ausgespielt werden kann. Was durch dieses Vorgehen aber unterbunden wird, ist die Identifizierung eines einzelnen Nutzers (vgl. Petereit, 2019).

Konkret bedeutet dies also, dass Unternehmen durch Einschränkungen sowohl bei den First-Party-Cookies als insbesondere auch bei den Third-Party-Cookies deutlich weniger gut in der Lage sind, Informationen z. B. in Form von Verhaltensdaten sowohl auf der eigenen Webseite als auch webseitenübergreifend zu gewinnen. Insofern besteht für Unternehmen und das Marketing ein Informationsverlust. Diesem kann durch die Entwicklung unabhängiger Identifier entgegengewirkt werden. Ein Ansatz hierzu stammt bspw. von dem Advertising-ID-Konsortium. Dieses Konsortium besteht aus einer Reihe von AdTech-Unternehmen und Werbeplattformen und nutzt Cookie-IDs von Dritten sowie eine eigene Cookie-ID in Verbindung mit personenbezogenen Identifiern. Dadurch können Webseitenbetreiber auch ohne Cookies eine eindeutige Benutzer-ID generieren.

Eine zweite Möglichkeit sind sog. ID-Graphen. Die Idee dahinter bezieht sich auf eine Sammlung von IDs aus unterschiedlichen Kanälen mit der Zielsetzung, einen Single Customer View zu erstellen. Dieser umfasst dann das Nutzungsverhalten einer Person über unterschiedliche Geräte und Kanäle hinweg. Die Funktionsweise lässt sich anhand von drei Schritten beschreiben:

- In einem ersten Schritt sammelt ein Unternehmen seine First-Party-IDs in Form eines ID-Graphen. Die Daten können bspw. von Webseiten, mobilen Applikationen aber auch von CRMs oder DMPs stammen.
- Der zweite Schritt beinhaltet einen Abgleich der gesammelten Kunden-IDs sowohl über deterministische als auch über probabilistische Verfahren.
- In einem dritten Schritt ist das Unternehmen nun in der Lage, einen einzelnen Kunden über unterschiedliche Geräte und Kanäle hinweg zu identifizieren und ihm bspw. personalisierte Werbung auszuspielen.

1.4 Marketingbezogene Entwicklungen

Die Entwicklungen im Marketing lassen sich in vier Phasen einteilen: Single-Channel-, Multi-Channel-, Cross-Channel- und Omni-Channel-Marketing (vgl. Abb. 1.2).

1.4.1 Single-Channel-Ansatz

Das Single-Channel-Marketing repräsentiert den geringsten Reifegrad im Marketing: Letztendlich verfügt der Kunde nur über einen einzigen Kanal, um mit dem Unternehmen zu kommunizieren bzw. zu interagieren. Diesen Kanal nutzt

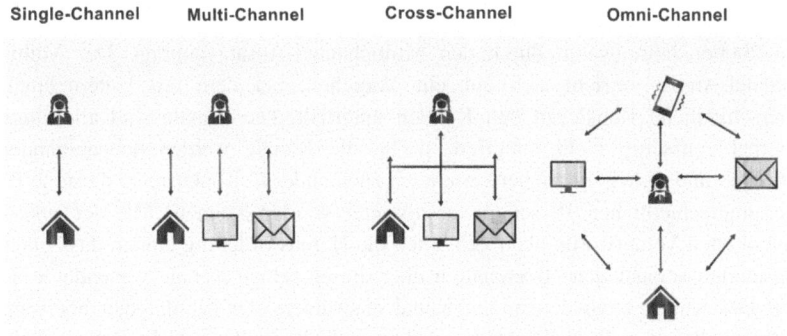

Überblick marketingbezogene Entwicklungen

Abb. 1.2 Überblick über marketingbezogene Entwicklungen

das Unternehmen auch, um seine Leistungen an den Kunden zu distribuieren. Ein typisches Beispiel für den Single-Channel-Ansatz ist ein Einzelhändler, der außer der persönlichen Interaktion im Ladenlokal keine weiteren Kanäle zum Kunden unterhält, oder ein Versandhändler, der nur über Direct Mailing und Telemarketing mit seinen Kunden kommuniziert. Technisch kann mit einfach aufgebauten Datenbanken gearbeitet werden. Zunächst waren dies sog. Flat-File-Datenbanken, in denen Daten in einem einheitlichen Format, aber ohne weitere Struktur abgelegt wurden (z. B. im txt- oder csv-Format). Mit diesen Datenbanken konnten bspw. Mailing-Listen befüllt werden. In einer nächsten Entwicklungsstufe kamen dann an ein Data Warehouse angebundene Client–Server-Relational-Database-Management-Systeme (RDBMS) zum Einsatz. Dies bedeutet, dass das Datenbanksystem auf leistungsstarken Servern läuft. Abfragen können von Nutzern über Clients gemacht werden. Der Begriff „Relational" bezieht sich auf eine spezifische Datenbankstruktur: Relationale Datenbanken speichern Datensätze in den Feldern aus einer aus Zeilen und Spalten aufgebauten Tabelle, darüber hinaus werden mehrere Tabellen durch sog. Tabellenrelationen untereinander verknüpft. In den Tabellen ist jeder Datensatz in einer Zeile gespeichert und kann über die in den Spalten gespeicherten Attribute eine Reihe von Merkmalen aufweisen. Mithilfe der Datenbank konnten unterschiedliche Anwendungen bzw. Unternehmensbereiche Kundendaten abfragen und marketingbezogene Maßnahmen ausführen.

1.4.2 Multi-Channel-Ansatz

Die 2000er Jahre waren durch den Multichannel-Ansatz geprägt. Der Multi-Channel-Ansatz bezieht sich auf ein Vorgehen, bei dem ein Unternehmen unterschiedliche Kanäle zu den Kunden unterhält. Die Kanäle sind allerdings unternehmensseitig nicht integriert, d. h., die Kanäle werden nebeneinander betrieben und stehen möglicherweise auch zueinander in Konkurrenz, da sie z. B. von unterschiedlichen Personen verantwortet werden können. Mit der unterschiedlichen Verantwortlichkeit geht auch die Herausforderung einher, dass unter Umständen verschiedene Botschaften über die einzelnen Kanäle versendet werden. Der Kunde kann denjenigen Kanal auswählen, der für ihn den höchsten Mehrwert liefert, z. B. im Hinblick auf Bequemlichkeit oder subjektive Vorlieben. Allerdings besitzt der Kunde nicht die Möglichkeit, während der Kundenreise zwischen den einzelnen Kanälen zu wechseln. Der Multi-Channel-Ansatz ist ein bereits sehr altes Konzept, da der Kunde auch vor dem Internetzeitalter über unterschiedliche Kanäle informiert werden konnte bzw. über unterschiedliche

Kanäle einkaufen konnte (z. B. Ladenlokal, Bestellungen über Katalog, Call-center, TV ...). Allerdings ist in den letzten Jahren eine deutliche Zunahme an den zur Verfügung stehenden Kanälen festzustellen (mobile Endgeräte, Smart TV, automatisierte Bestellungen von Haushaltsgeräten ...). Ein Beispiel für einen Multi-Channel-Ansatz wäre ein Einzelhändler, der zugleich einen Onlineshop betreibt. Allerdings sind diese beiden Kanäle nicht integriert, sodass es z. B. nicht möglich ist, online eine Bestellung aufzugeben und diese im Ladenlokal in Empfang zu nehmen.

Technisch betrachtet wurden für die einzelnen Kanäle auch jeweils eigenständige Kundendatenbanken genutzt. Eine Verbindung besteht nur insofern, als über eine entsprechende Plattform (Server oder Cloud) die Daten aus den physisch verteilten Datenbanken durch die Verwendung von Meta-Daten abstrahiert werden.

Die Erfassung der Daten beschränkte sich auf wenige Attribute, sodass fehlende oder inkompatible Strukturen die Effizienz der Datenhaltung noch nicht beeinträchtigten. Ferner standen zu diesem Zeitpunkt auch noch nicht so viele Daten zur Verfügung, sodass eine Strukturierung der Daten noch nicht notwendig war.

1.4.3 Cross-Channel-Ansatz

Der nächste Reifegrad ist das Cross-Channel-Marketing. Im Gegensatz zum Multi-Channel-Marketing liegt hier eine zumindest teilweise Integration der Kanäle vor. Das bedeutet, dass sich der Kunde für die Nutzung von mehr als einem Kanal während der Kundenreise entscheiden kann. So wird bspw. seine Aufmerksamkeit für ein Produkt durch eine Anzeige in einer Zeitung erregt. Zusätzliche Informationen zu diesem Produkt kann der Kunde auf der Internetseite des Unternehmens einholen, bevor er es schließlich im Ladenlokal persönlich in Augenschein nehmen und nach einer Überprüfung kaufen kann. Der Ansatz weist im Vergleich zum Multi-Channel-Marketing eine deutlich höhere Orientierung am Kunden auf, weil dieser letztendlich für jeden Schritt der Kundenreise den für ihn passenden Kanal wählen kann.

Genutzt wurden für den Cross-Channel-Ansatz sog. NoSQL-Datenbankmanagementsysteme (NoSQL-DBMS). Diese weisen gegenüber den relationalen Datenbanken eine Reihe von Vorteilen auf: So sind NoSQL-DBMS generell leistungsstärker und können einfacher skaliert werden. Außerdem können nicht nur strukturierte, sondern auch halbstrukturierte und unstrukturierte Daten aufgenommen werden. Ferner eignen sich NoSQL-DBMS auch für die

Speicherung von Daten, die einer häufigen Änderung unterliegen, also viele Schreib- und Lesezugriffe erfordern. Die Daten können aus unterschiedlichen Anwendungen (CRM, DMP, ERP) in ein NoSQL-DBMS eingespeist und den unterschiedlichen Kanälen zur Verfügung gestellt werden.

1.4.4   Omni-Channel-Ansatz

Eine Omni-Channel-Architektur stellt den höchsten Reifegrad dar. Omni-Channel bedeutet, dass alle Kanäle des Unternehmens vollständig integriert sind. Dies bedeutet, dass über alle Kanäle konsistente, widerspruchsfreie Botschaften an den Kunden übermittelt werden und zudem auf einem Kanal vorgenommene Einstellungen und Konfigurationen automatisch übernommen werden und auch für die übrigen Kanäle Gültigkeit besitzen.

Zielsetzung ist es, dem Kunden ein hohes Maß an Nutzererfahrung und Kundenerlebnis zu bieten. Der Kunde kann auch hier diejenigen Kanäle wählen, die für ihn am vorteilhaftesten sind. Er kann zudem mehrere Kanäle simultan verwenden (z. B. Smart TV und Smartphone), muss sich also nicht mehr zwischen einzelnen Kanälen entscheiden.

Ein Beispiel für eine Omni-Channel-Kundenreise zeigt Abb. 1.3: Der Kunde wird über Online-Werbung auf das Produkt aufmerksam und beschafft sich vor dem Kauf über weitere Kanäle Informationen über das Produkt. Der Kauf findet online statt, aber erst nachdem der Kunde das Produkt im Ladenlokal persönlich in Augenschein genommen hat. In der Nachkaufphase erreicht das Unternehmen den Kunden über E-Mail. Zudem teilt der Kunde die von ihm gemachten Produkterfahrungen über Social Media (vgl. Afterbuy, 2020).

1.5   Rechtliche Entwicklungen

DSGVO und ihre Konsequenzen

Die Datenschutz-Grundverordnung (DSGVO) ist bereits im Jahr 2018 in Kraft getreten. Die DSGVO regelt die Erhebung sowie die Verarbeitung personenbezogener Daten, um dadurch die Rechte der Bürger in der EU zu stärken. Unter personenbezogenen Daten werden all jene Daten verstanden, die sich entweder auf eine identifizierte oder auf eine identifizierbare lebende Person beziehen. Auch Teilinformationen, die zusammengenommen zur Identifizierung einer bestimmten Person

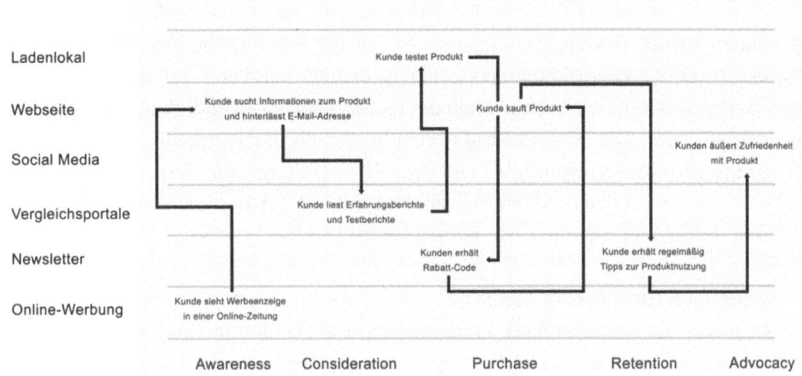

Ladenlokal

Webseite

Social Media

Vergleichsportale

Newsletter

Online-Werbung

Awareness   Consideration   Purchase   Retention   Advocacy

Abb. 1.3 Kundenreise bei einer Omni-Channel-Architektur

beitragen, sind personenbezogene Daten. Zu den personenbezogenen Daten zählen bspw. der Name und der Vorname, die private Anschrift, die E-Mail-Adresse, Standortdaten oder eine Cookie-Kennung.

Die Verantwortung zur rechtmäßigen Erhebung und Verarbeitung personenbezogener Daten obliegt gemäß der DSGVO dem Webseiteninhaber sowie dem Webseitenbetreiber. Der Begriff Cookie wird in der DSGVO zwar nur ein einziges Mal erwähnt (in den Erwägungsgründen und nicht im eigentlichen Gesetzestext), dennoch stellt die Cookie-Einwilligung einen der zentralen Aspekte der Verordnung dar. Dies lässt sich damit begründen, dass Websites durch Cookies oder andere Tracking-Technologien Daten weiterleiten, die zur Identifizierung einer Person beitragen können.

Gemäß der DSGVO ist es nun erforderlich, dass ein Nutzer die ausdrückliche Zustimmung zur Erhebung und Verwendung seiner Daten gibt. Konkret bedeutet dies nun, dass eine Webseite vor der Aktivierung jeglicher Cookies eine Zustimmung vom Nutzer einholen muss. Dies gilt allerdings nicht für Cookies, die zum Betrieb der Seite zwingend notwendig sind. Auch muss es dem Nutzer ermöglicht werden, auszuwählen, welche Cookies er zulassen und welche er ablehnen möchte. Er darf also nicht gezwungen werden, alle Cookies zuzulassen, wenn er das nicht möchte. Weiterhin muss es einem Nutzer ermöglicht werden, seine gegebenen Einwilligungen zu widerrufen.

Hieraus resultiert generell die Frage, welche Cookies notwendig sind und welche nicht. Eine verbindliche Regelung existiert derzeit nicht. Als technisch notwendig können jedoch Cookies in Zusammenhang mit der Sitzung des Nutzers, dem Warenkorb, dem Login-Status sowie der Sprachauswahl und der Sicherheit des Nutzers angesehen werden. Bezüglich der technischen Notwendigkeit von Cookies zur Ermöglichung von Komfortfunktionen herrschen unterschiedliche Ansichten. Als technisch nicht erforderlich kann eine Verwendung von Cookies zu marketingbezogenen Zwecken (z. B. webseitenübergreifendes Ausspielen personalisierter Werbung) betrachtet werden (vgl. Solmecke, 2022).

Konsequenzen für Unternehmen

Was bedeutet dies nun konkret für Unternehmen? Dadurch, dass jede Webseite und jede Applikation im Vorfeld genau aufzeigen muss, welche Daten zu welchen Zwecken erhoben werden, und der Nutzer explizit zustimmen muss, steigt die Gefahr einer Ablehnung. Die Folge daraus ist, dass Unternehmen dadurch weniger Daten zur Verfügung stehen. Damit steigt die Bedeutung der Nutzerregistrierung (z. B. über E-Mail-Login), da Unternehmen oftmals nur Informationen über registrierte Kunden oder Nutzer vorliegen, nicht jedoch bspw. über anonyme Nutzer der Webpräsenz.

Zudem können „alte" Daten der Kunden nicht ohne Einwilligung genutzt werden. Letztendlich müssen die Einwilligungen durch Unternehmen protokolliert und verarbeitet werden, um die Daten nutzen zu können. Plakativ gesprochen sind also die „Wildwest-Zeit" bzw. die „Goldgräber-Stimmung" Geschichte, da die Datennutzung inzwischen sehr stark eingeschränkt ist.

Wie geschildert, wird die Nutzung von Kundendaten, die bei der Interaktion über öffentlich zugängliche Webseiten erhoben werden können, rechtlich zunehmend eingeschränkt. Dadurch steigt aber gleichzeitig die Bedeutung von Interaktionen innerhalb geschlossener Gruppen und im Bereich sozialer Medien, bei denen Nutzer ihr Einverständnis sozusagen „per Mitgliedschaft" erklären.

Kritisiert wird an manchen Stellen, dass die Konkretisierung der DSGVO durch das neue deutsche Datenschutzgesetz sehr strikt und auch strenger als in anderen europäischen Ländern erfolgt sei. Zudem wird argumentiert, dass es außerhalb der EU keine DSGVO gebe und Deutschland und die EU damit einen Nachteil gegenüber diesen Ländern hätten. Ich bewerte den Sachverhalt etwas anders: Auch wenn die deutsche Konkretisierung der DSGVO sehr strikt ist, so ziehen andere Länder mit Gesetzen nach. So hat bspw. der Staat Kalifornien mit dem California Consumer Privacy Act (CCPA) aus dem Jahr 2018 und dessen Erweiterungen in den Jahren 2018, 2019 und 2020 einen Vorstoß in den USA unternommen. Es ist das strengste Datenschutzgesetz in den USA und fokussiert den Verbraucherschutz. Damit ist der Staat Kalifornien der EU voraus, die bislang keine eigenständige ePrivacy-Richtlinie besitzt (vgl. Kardos, 2020). Innerhalb der USA handelt es sich bei dem CCPA um ein wegweisendes Gesetz. Andere Staaten wie bspw. New York ziehen aktuell nach und erlassen ähnliche Gesetze (vgl. Rath & Spies, 2021).

Insofern argumentiere ich, dass die EU bzw. Deutschland schon Erfahrungen mit einer strengeren Gesetzgebung haben und damit ihrerseits einen Vorsprung gegenüber anderen Ländern, die jetzt erst dabei sind, entsprechende Gesetze zu erlassen.

1.6   Bewertung der Entwicklungen und Folgerungen

Zusammenfassend kann einerseits festgehalten werden, dass die aktuellen Entwicklungen Auswirkungen auf die einem Unternehmen zur Verfügung stehenden Daten haben (siehe hierzu Abb. 1.4).

Zu erkennen ist, dass grundsätzlich das Potenzial für mehr kundenbezogene Daten besteht. Ursachen hierfür sind ein zunehmender Anteil digital abgewickelter Interaktionen bzw. Transaktionen zwischen dem Unternehmen und den Kunden. Zudem nimmt die Anzahl an Touchpoints zu, wodurch ein Unternehmen ebenfalls mehr Daten generieren kann. Darüber hinaus weist zumindest ein Teil der Nutzer ein hohes Maß an Bereitschaft zum Teilen von Daten auf, insbesondere wenn der Nutzer sich dadurch einen Vorteil verspricht bzw. ihm eine Gegenleistung geboten wird. Auf der anderen Seite wird dieses Mehr an

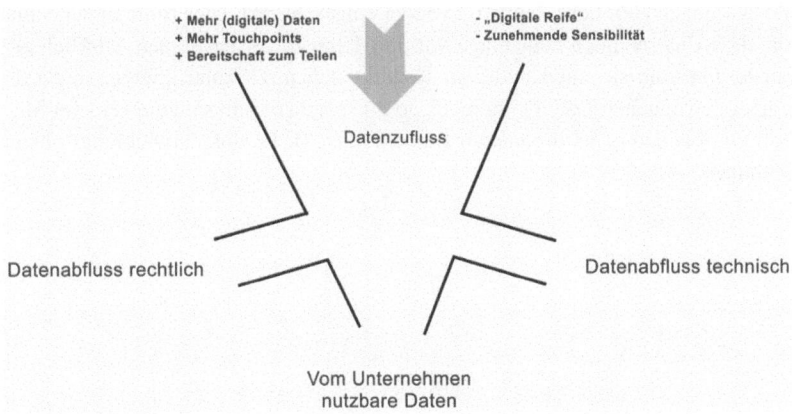

Abb. 1.4 Schematische Darstellung der von einem Unternehmen verwertbaren Daten

Daten insbesondere durch rechtliche und technische Entwicklungen reduziert. Ursachen hierfür sind aus technischer Hinsicht Adblocker, ITP, das standardmäßige Blockieren von Third-Party-Cookies sowie die fallweise Blockierung von First-Party-Cookies. Weiterhin bestehen auch rechtliche Entwicklungen in Zusammenhang mit der DSGVO, die die einem Unternehmen zur Verfügung stehenden Daten reduzieren.

Zweitens muss an dieser Stelle auch festgehalten werden, dass aus der Zunahme an Touchpoints und der zunehmenden intraorganisatorischen Komplexität neue Herausforderungen im Zusammenhang mit der Organisation und dem Management von Daten erwachsen. Insbesondere ist hier die Bildung von Datensilos zu nennen, also nicht miteinander in Beziehung stehenden Datenquellen. Dies ist darauf zurückzuführen, dass die Verantwortung für die einzelnen Touchpoints in unterschiedlichen Organisationseinheiten liegt und diese die generierten Daten in ihren jeweiligen Systemen speichern. Eine weitere Herausforderung ist, dass Unternehmen mit wachsenden Datenmengen und steigender Komplexität konfrontiert sind (=Big Data), die aber nicht alle zwangsläufig einen ökonomischen Mehrwert für das Unternehmen besitzen. Durch ein „Zuviel" an Daten kann ein Unternehmen regelrecht gelähmt werden. Notwendig ist also eine Selektion der Daten – aus Big Data müssen Smart Data werden, also Daten, die für das Unternehmen verwertbar sind und einen Mehrwert darstellen.

Tab. 1.1 fasst die beschriebenen Entwicklungen und die damit einhergehenden Herausforderungen prägnant zusammen.

Letztlich besteht einerseits das Potenzial, über mehr Daten verfügen zu können, auf der anderen Seite wird dieses „Mehr" an Daten durch unterschiedliche Entwicklungen zumindest teilweise wieder eingeschränkt. Dies führt zu der Situation, dass Unternehmen heutzutage vor der Herausforderung stehen, wirklich alle Kanäle, über die sie mit Kunden in Kontakt stehen, zu kontrollieren, sowie die darüber gewonnenen Daten systematisiert zu speichern, um sie einerseits im Marketing und andererseits in anderen Bereichen (z. B. Produktentwicklung) nutzen zu können.

Tab. 1.1 Zusammenfassung der Entwicklungen

#	Bereich	Entwicklung	Resultierende Herausforderungen
1	Kunden und Kundendaten	Durch technologische und kundenbezogene Entwicklungen stehen mehr Kundendaten zur Verfügung – einerseits Daten von mehr Kunden, andererseits mehr Daten pro Kunde Entstehen der Kundendaten an vielen unterschiedlichen Online- und Offline-Touchpoints Kundenreise schwerer zu verstehen für Unternehmen	Entstehen von Datensilos Sammlung und Systematisierung der Daten, um diese aktivieren zu können Differenzierung zwischen „wertvollen" Daten für das Unternehmen und Daten ohne oder mit nur geringem Mehrwert Zielorientierte Nutzung der Daten: dem richtigen Kunden zum richtigen Zeitpunkt auf dem richtigen Kanal die richtige Botschaft schicken
2	Technologische Entwicklung	Blockieren von Third-Party-Cookies durch Software-Anbieter (z. B. Browser) Intelligent Tracking Prevention (ITP)	Reduzierung der zur Verfügung stehenden Daten
3	Marketingbezogene Entwicklungen	Von Single-Channel über Multi- und Cross-Channel zu Omni-Channel	Entstehen der Kundendaten an vielen unterschiedlichen Online- und Offline-Touchpoints (=Datensilos)
4	Rechtliche Entwicklungen	Datenschutz-Grundverordnung (DSGVO), u. a. mit Auswirkungen auf die Handhabung von Cookies	Reduzierung der zur Verfügung stehenden Daten

Literatur

Afterbuy. (2020). Omnichannel—Bedeutung, Strategie und Erfolgsfaktoren. https://blog.aft erbuy.de/allgemein/omnichannel-bedeutung-strategie-erfolgsfaktoren/. Zugegriffen: 12. Sept. 2022.

AWIN. (2020). ITP DE – Wiki. https://wiki.awin.com/index.php/ITP_DE. Zugegriffen: 12. Sept. 2022.

CDP Institute. (2022). Customer data platform industry update: July 2022. https://www.cdp institute.org/wp-content/uploads/2022/07/CDPI-2387-Industry-Update-July-2022.pdf. Zugegriffen: 9. Dez. 2022.

Kardos, K. (2020). Das California Consumer Privacy Act (CCPA) für EU-Unternehmen. 22. Mai 2022. https://www.activemind.de/magazin/ccpa/. Zugegriffen: 12. Sept. 2022.

McGuire, M., & Leachman, L. (2021). *Hype cycle for digital marketing*. Gartner.

Petereit, D. (2019). Privacy Sandbox: Google will zielgerichtete Online-Werbung und indivi-duellen Datenschutz zusammenbringen. https://t3n.de/news/privacy-sandbox-google-119 1087/. Zugegriffen: 12. Sept. 2022.

Rath, M., & Spies, A. (2021). California Consumer Privacy Act (CCPA): Das sollten Sie über das neue Datenschutzgesetz wissen. https://www.computerwoche.de/a/das-sollten-sie-ueber-das-neue-datenschutzgesetz-wissen,3547934. Zugegriffen: 13. Sept. 2022.

Solmecke, C. (2022). Tracking, Webanalyse, Cookies: Was ist aktuell im Online-Marketing zulässig, was nicht?. https://www.wbs-law.de/it-und-internet-recht/datenschutzrecht/tracking-webanalyse-cookies-was-ist-aktuell-im-online-marketing-zulaessig-was-nicht-59385/. Zugegriffen: 12. Sept. 2022.

Wlosik, M. (2022). How different browsers handle First-party and Third-party cookies – Clearcode Blog. https://clearcode.cc/blog/browsers-first-third-party-cookies/. Zugegrif-fen: 2. Nov. 2022.

Wolff, R. (2020). Zahlen zu Cookie-Bannern: Wie hoch ist die Akzeptanzrate wirklich?. https://www.verdure.de/magazin/technologie/cookies-akzeptanzrate-consent-marketing-zustimmung/. Zugegriffen: 2. Nov. 2022.

Definition und Abgrenzung von CDPs

2

Zusammenfassung

Dieses Kapitel ist theoretisch ausgerichtet: Es gibt zunächst einen kurzen Überblick über die historische Entwicklung in der MarTech (Marketing-Technology) und eine Erläuterung des Hintergrunds von CDPs. Im Anschluss wird CDP definiert und aufgezeigt, wie sich CPDs von DMPs, CRM-Systemen sowie BI-Systemen unterscheiden. Weil die Nutzung von CDPs sich anfangs vor allem im Marketing etabliert hat, da hier die Bedeutung von personalisierten Kundenerlebnissen am größten war, wird in diesem Kapitel im Schwerpunkt auf das Marketing eingegangen. In den letzten Jahren ist allerdings ein klarer Trend zu einer Nutzung von CDPs in allen Unternehmensbereichen, die im Kundenkontakt stehen, zu erkennen: Vom Service über den Vertrieb hin zu Commerce-Systemen. Auf diese Entwicklung wird in späteren Kapiteln vertieft eingegangen.

Exkurs: Datenzyklus

Um Daten zur Entscheidungsfindung in Unternehmen nutzen und zielorientiert einsetzen zu können, habe ich mit dem Datenzyklus einen fünfstufigen Prozess entwickelt. Dieser Prozess beschreibt das Vorgehen anhand der Schritte Datensammlung (Collect), Aufbau eines Verständnisses der gesammelten Daten (Understand), Treffen von fundierten Entscheidungen (Decide), Automatisierung des gesamten Prozesses (Automate) sowie fortwährende Ausführung des Prozesses (Execute). Zudem muss vor der Ausführung des Prozesses klar sein, welche Ziele ein Unternehmen mit seinen Daten erreichen möchte.

Zur Umsetzung des ersten Schrittes (Collect) müssen wir überlegen, welche Daten wir überhaupt benötigen, an welchen Punkten im Unternehmen und insbesondere im Kontakt mit den Kunden Daten entstehen und was das konkret für Daten sind. Weiterhin gilt es, zusätzliche Quellen zu Datengewinnung zu identifizieren. Schließlich umfasst dieser Schritt auch die Speicherung der gewonnenen Daten sowie deren Vorbereitung für die spätere Bearbeitung (z. B. Bereinigung der Daten).

J. Rashedi und L. Mauer, *Customer-Data-Plattformen*,
https://doi.org/10.1007/978-3-658-40540-3_2

Nach der Datensammlung besteht die nächste Aufgabe darin, die Daten zu verstehen (Understand). Dabei sind zwei Dimensionen zu betrachten: Zum einen müssen wir verstehen, wie die Daten zustande kommen, was also z. B. Treiber für eine spezifische Kennzahl sind und was die Daten im jeweiligen Kontext aussagen. Zum anderen müssen wir die erarbeiteten Auswertungen und Analysen verstehen, d. h. welche Erkenntnisse wir genau gewonnen haben, aber auch, welche Schlussfolgerungen aus den Daten nicht gezogen werden können. Der dritte Prozessschritt beinhaltet das Treffen von Entscheidungen (Decide) auf Basis der generierten Erkenntnisse. Dabei ist es unerheblich, ob Entscheidungen von einem Menschen oder automatisiert von einem Algorithmus getroffen werden. Mit dem vierten Schritt gehen wir in die Automatisierung (Automate) über und überlegen, wie die Sammlung, Verarbeitung und Visualisierung von Daten automatisiert werden kann. Zielsetzung ist es, diejenigen bisher manuell ausgeführten Schritte zu automatisieren, bei denen der höchste Mehrwert für das Unternehmen entsteht. Der letzte Schritt der Ausführung (Execute) umfasst schließlich die operative Umsetzung in Form einer Wiederholung der vier zuvor beschriebenen Phasen. Ausführlich gehe ich auf diesen Prozess in meinem Buch „Datengetriebenes Marketing" ein (vgl. Rashedi, 2020).

Der beschriebene Prozess dient im Folgenden der Visualisierung der Arbeits- und Funktionsweise von BI-, CRM- und DMP-Systemen.

2.1   Von BIs über CRM-Systeme zu DMPs

An dieser Stelle sollen die in Zusammenhang mit den in Kap. 1 beschriebenen Systeme BI, CRM und DMP detailliert werden.

BI-Systeme
BI-Systeme besitzen im Kern die Aufgabe, die vorhandenen Daten zu aggregieren, zu modellieren und im Anschluss für Reportingzwecke zur Verfügung zu stellen (siehe Tab. 2.1).

CRM-Systeme
Im Kern ging es bei CRM um die Umsetzung von Marketing-, Sales- und Servicekonzepten (damals) aktueller Technologien mit der Zielsetzung, neue Kundenbeziehungen aufzubauen und bestehende Beziehungen zu festigen. Durch eine Zusammenführung aller kundenbezogenen Informationen sowie die Synchronisation von Kanälen und Maßnahmen sollte eine abgestimmte Kundenansprache realisiert werden („One Face to the Customer"). Mit CRM ging die Ausrichtung auf den Kunden im Sinne einer kundenorientierten Unternehmensstrategie einher (vgl. Leußer et al., 2011, S. 18).

Tab. 2.1 Bewertung von BI-Systemen

#	Prozessschritt	Inhalt
1	Collect	Daten können zwar abgelegt werden, allerdings erfolgt dabei eine Aggregation der Daten, woraus eine niedrige Granularität resultiert
2	Understand	Bei BI-Systemen steht nicht der Aufbau eines Kundenbildes im Mittelpunkt der Betrachtung, vielmehr geht es um finanzielle und nichtfinanzielle Kennzahlen des Gesamtunternehmens oder einzelner Bereiche
3	Decide	Vorbereitung von Entscheidungen durch Aufbereitung von Kennzahlen, Das Tool trifft aber keine eigenständigen Entscheidungen
4	Automate	Automatisierung bzw. Ausführung ist nicht vorhanden, BI-Systeme liefern nur die Daten für angeschlossene Systeme, über die dann eine Automatisierung bzw. Ausführung erfolgen kann
5	Execute	

Die Umsetzung von CRM erfolgte durch die Ableitung einer CRM-Strategie aus der Unternehmensstrategie. Die CRM-Strategie umfasste bspw. die zu adressierenden Kundengruppen sowie die zu nutzenden Kanäle und Instrumente. Außerdem legte die Strategie die aufbau- und ablauforganisatorischen Rahmenbedingungen fest, definierte die Geschäftsprozesse und gab damit auch die Anforderungen an ein CRM-System vor. Durch die Strategie wurde also das „Spielfeld" für die CRM definiert. In einem zweiten Schritt konnte dann ein zu den unternehmensindividuellen Rahmenbedingungen passendes CRM-System gewählt und im Unternehmen implementiert werden. CRM-Systeme erlebten ihre Hochphase in den 1990er Jahren.

In Tab. 2.2 bewerte ich CRM-Systeme anhand meines Datenzyklus-Modells. Dieses Modell nutze ich, um die Arbeit mit Daten zu beschreiben, bspw. in Zusammenhang mit der datengetriebenen Organisation oder dem datengetriebenen Marketing. Der erste Prozessschritt bezieht sich dabei immer auf die Sammlung von Daten. Bei CRM-Systemen ist die Datensammlung sehr eingeschränkt und bezieht sich häufig, aber nicht zwangsläufig, nur auf in der Datenbank gespeicherte Kunden. Konkret bedeutet dies, dass nur diejenigen Nutzer im CRM-System erfasst sind, die aus eigenem Antrieb heraus mit dem Unternehmen in Verbindung getreten sind (z. B. durch Serviceanfragen) oder die bereits eine Transaktion im Unternehmen durchgeführt haben.

Nach der Sammlung von Daten gilt es, in einem zweiten Prozessschritt ein einheitliches Verständnis im Hinblick auf die Daten zu entwickeln und die Daten zu

Tab. 2.2 Bewertung von CRM-Systemen

#	Prozessschritt	Inhalt
1	Collect	Sammlung bezieht sich nur auf bekannte Nutzer
2	Understand	Nur Teile der Kunden und nur unvollständige Bilder
3	Decide	Entscheidungen nur auf Basis dieser begrenzten Sicht
4	Automate	Nicht oder nur sehr eingeschränkt möglich, da CRM-Systeme in der Regel autark arbeiten
5	Execute	Manuelle Umsetzung

verstehen. Da, wie bereits angesprochen, lediglich ein Teil der Nutzer in CRM-Systemen erfasst ist und zudem nur einzelne Facetten des Nutzers gespeichert sind und da CRM-Systeme nur eine begrenzte Anzahl von Kanälen integrieren können, besteht nur eine begrenzte Sicht auf den Kunden.

Daraus folgt für den dritten Schritt, die Entscheidungsfindung, dass die auf Basis der in CRM-Systemen gespeicherten Daten getroffenen Entscheidungen mit Unsicherheit behaftet sind. So sind im CRM-System zwar bspw. die Newsletter-Aussendungen für einen bestimmten Kunden oder eine bestimmte Kundengruppe erfasst, allerdings sind regelmäßig über Social Media ausgespielte Ads nicht hinterlegt. Insbesondere sind die Kontaktpunkte von unbekannten Usern nicht erfasst bzw. berücksichtigt. Bei unbekannten Usern handelt es sich prinzipiell um die gleichen User bzw. Kunden, allerdings haben sie sich nicht mit ihrer Identität zu erkennen gegeben.

Der vierte Prozessschritt des Datenzyklus umfasst eine Automatisierung des Prozesses: Diese ist in Zusammenhang mit CRM-Systemen nicht möglich. Letztendlich müssen immer manuelle Maßnahmen ausgelöst werden, wie bspw. der Versand von Mailings an eine bestimmte, im CRM-System hinterlegte Zielgruppe. Damit muss der letzte Schritt des Datenzyklus, der Anstoß zur Ausführung des Prozesses, jedes Mal aufs Neue vom Nutzer angestoßen werden.

Insgesamt lässt sich die Situation wie folgt zusammenfassen: Hätte man vor wenigen Jahren einen CRM-Verantwortlichen gefragt, ob er einen ganzheitlichen Blick auf die Kunden besitzt, so hätte er mit „Ja" geantwortet. Heutzutage würden Marketingverantwortliche in den meisten Unternehmen die Frage mit „Nein" beantworten: Es wird nämlich mit zu vielen unterschiedlichen Kanälen und Systemen gearbeitet und es ist nahezu unmöglich, einen Überblick zu erhalten. Zudem ist die gesamte Datenerfassung sowie die Verarbeitung der Daten heute nicht mehr auf das Marketing alleine fokussiert. Vielmehr müssen auch die Bereich Service, Support und Logistik sowie Order-Management aufgrund ihrer engen Verbindung und ihres

Einflusses auf das Marketing mitbetrachtet werden. Zudem ist es für Unternehmen eine zentrale Aufgabe, Neukunden zu gewinnen und aus diesen Neukunden loyale Kunden zu machen. CRM-Systeme sind jedoch nur in der Lage, Bestandskunden abzubilden. Potenzielle Kunden sowie deren oftmals anonyme Daten können in ihrer Gänze jedoch nicht erfasst werden.

DMP-Systeme
Kommen wir nun zu den Data-Management-Plattformen (DMP), meiner Meinung nach der nächsten „Evolutionsstufe" im Marketing. Wichtig ist mir, an dieser Stelle festzuhalten, dass es sich bei DMPs nicht um eine Weiterentwicklung oder Ersatzlösung für CRM-Systeme handelt. Vielmehr ist diese Art von System als eine Ergänzung zu CRM-Systemen mit einem starken bzw. ausschließlichen Online-Fokus zu betrachten. Doch eins nach dem anderen. Mit dem Begriff DMP wird eine Software bezeichnet, die zur Sammlung, Speicherung und Analyse von Daten aus unterschiedlichen Quellen geeignet ist. Genutzt werden die Nutzerdaten, um Online-Kampagnen aufzusetzen, zu steuern sowie zu überprüfen und zu optimieren. DMPs stellen häufig eine Verbindung zwischen First-Party-Daten und Third-Party-Daten dar. Zum Einsatz gelangen sie hauptsächlich im Onlinebereich, bspw. als Datenbasis zum Ausspielen von Online-Werbung. Ein Potenzial von DMP ist der Aufbau von trennscharfen Zielgruppen, sodass Online-Kampagnen mit geringen Streuverlusten umgesetzt werden können. Die Funktionsweise einer DMP lässt sich grob wie folgt darstellen:

- Generierung von Daten aus unterschiedlichen Quellen sowie Organisation dieser Daten, entweder auf Basis bekannter Nutzer oder unbekannter Nutzer über Cookies
- Aufbau von Zielgruppensegmenten auf Basis der vorhandenen Informationen sowie Identifizierung von sog. Lookalikes, d. h. Personen, die ähnliche Merkmale und Verhaltensweisen wie eine bekannte Zielgruppe aufweisen und deshalb mit einer hohen Wahrscheinlichkeit auch über ähnliche Interessen und Bedürfnisse verfügen
- Weiterleitung von Daten an andere Softwaresysteme (z. B. Demand-Side-Plattformen, DSP), um definierte Zielgruppen anzusprechen

Abschließend soll auch für DMPs eine Analyse anhand des bereits verwendeten Datenzyklus erfolgen (siehe Tab. 2.3). Zu erkennen ist in Bezug auf den Prozessschritt der Datensammlung, dass diese sich ausschließlich auf Onlinedaten bezieht. Zum Verständnis der Daten ist festzuhalten, dass eine Identifizierung einzelner Nutzer im Sinne einer Zuordnung von demografischen Daten wie einem Namen

Tab. 2.3 Bewertung von DMP-Systemen

#	Prozessschritt	Inhalt
1	Collect	Sammlung bezieht sich nur auf Online-Daten
2	Understand	Nur Online-Profile ohne Zuordnung zu einem konkret identifizierbaren Nutzer
3	Decide	Keine Treffen von Entscheidungen, sondern einfaches Segmentieren auf Basis von Einstellungen des Nutzers der DMP
4	Automate	Nicht möglich, da Nutzer konkrete Maßnahmen vorgeben muss
5	Execute	Nur manuell

in der Regel nicht möglich ist. Letztlich liegen nur Online-Profile mit gewissen Verhaltensmustern, aber ohne einen konkret identifizierbaren Nutzer vor.

Auf Basis dieser vorhandenen Daten können jedoch Entscheidungen getroffen werden. Beispielsweise können auf diese Art und Weise alle Personen herausgefiltert werden, die in einem gewissen Zeitraum etwas gekauft haben, etwa um diese zu einem Zweitkauf anzuregen. Allerdings sind die daraus resultierenden Maßnahmen mit erheblichen Einschränkungen und Streuverlusten verbunden. Diese entstehen bspw., wenn Nutzer vom Unternehmen kaufen, ohne erfasst zu werden, oder das Speichern von Cookies blockieren. Konkret bedeutet das, dass nicht alle Cookie-IDs für die Umsetzung von Marketingmaßnahmen wiederzufinden sind. Meiner Erfahrung nach können maximal 40 bis 50 % der gesamten IDs genutzt werden. Ähnlich wie bei CRM-Systemen ist auch bei DMPs eine Automatisierung nicht möglich, da der Nutzer zur Ausführung eines Prozesses konkrete Anweisungen geben muss.

Die nächste Evolutionsstufe stellen meiner Ansicht nach CDPs dar. Diese werden im folgenden Abschnitt definiert und beschrieben.

2.2   Definition von CDPs

▶ **CDP – ein Definitionsversuch für den deutschen Raum** Was ist nun eine CDP genau? Meiner Auffassung nach handelt es sich bei einer CDP um eine Software-Lösung für *Fachanwender im Unternehmen,* die die *Zusammenführung* von *strukturierten, halbstrukturierten und unstrukturierten Kundendaten* über eine *Vielzahl von Kanälen* in eine *zentrale Datenbank* ermöglicht. Die Zusammenführung erfolgt in einer *weitgehend automatisierten Vorgehensweise. Eine CDP erlaubt* den Aufbau *einer gesamtheitlichen Sicht auf den Kunden* sowie die *Aktivierung* dieser Daten durch *über Schnittstellen angebundene Tools in allen Funktionsbereichen des Unternehmens* unter Berücksichtigung *der Vorgaben der Data Governance* in Verbindung mit *Consent* und *zweckgebundener Prozessierung auf Basis der Datensparsamkeit.*

Viel Input, aber lass uns die wesentlichen Merkmale einer CPD im Detail anschauen. Wie gesagt, handelt es sich bei einer CDP um eine Software-*Lösung für Fachanwender,* d. h., die Bedienung der Software und die Arbeit mit dieser Software findet nicht durch IT-Personal statt, sondern kann in unterschiedlichen Funktionsbereichen des Unternehmens angesiedelt sein. Beispielsweise kann eine reine Marketing-CDP vom Marketing-Personal des Unternehmens bedient und genutzt werden. Allerdings sollte der Begriff der CDP nicht auf den Marketingbereich beschränkt sein. So kann auch bspw. eine Person, die sowohl Tätigkeiten eines Datenanalysten als auch eines Datenschützers ausführt, eine CDP betreiben. In diesem Fall überprüft diese Person, welche Daten genutzt werden dürfen und welche Daten relevant sind. In der Folge werden diese Daten den einzelnen Kanälen zur Verfügung gestellt. Eine weitere mögliche Anwendung liegt im Bereich CX: So gibt es bspw. viele Unternehmen, die für den Themenbereich CX einen Beauftragten besitzen. Diese Person verantwortet CX über alle Abteilungen und Kommunikationskanäle hinweg – und auch diese Person kann Anwender sein.

Was *Kundendaten* sind, habe ich bereits in Kap. 1 ausgeführt: Kundenstammdaten, Daten zum Kaufverhalten sowie Bewegungsdaten. Zu erkennen ist, dass also sowohl auf einen bestimmten und identifizierbaren Kunden bezogene Daten als auch Daten über die Interaktion zunächst unbekannter Nutzer mit dem Unternehmen gespeichert werden.

Weiterhin können CDPs unterschiedliche Arten von Daten verarbeiten. Strukturierte Daten sind formatiert und liegen in einem definierten Datenmodell vor. Sie sind in Feldern abgebildet (z. B. Excel-Tabelle mit demografischen Daten über Kunden). Unstrukturierte Daten liegen hingegen in ihrer Rohform vor und weisen keinerlei Formatierung bzw. vordefinierte Struktur auf (z. B. Beiträge aus den Social Media). Halbstrukturierte Daten als dritte Variante sind dadurch charakterisiert, dass sie zwar nicht einem definierten Datenmodell entsprechen und daher nicht ohne weiteres in einer Datenbank abgelegt werden können – allerdings verfügen halbstrukturierte Daten über zusätzliche Informationen, die eine Verarbeitung ermöglichen bzw. erleichtern. Ein Beispiel hierfür sind Metadaten, die üblicherweise durch Digitalkameras an Fotos angefügt werden (bspw. Datum und Ort der Aufnahme, Auflösung des Fotos, verwendetes Kameramodell …).

Definition „CDP"

- Was ist die CDP?
  Software-Lösung
- Für wen ist die CDP?
  Fachanwender
- Was tut die CDP?
  Zusammenführung von unterschiedlichen Kundendaten in eine zentrale
  Datenbank sowie entweder eigenes Bespielen der Kanäle oder Auslösen
  eines Events
- Woher kommen die Daten für die CDP?
  Aus einer Vielzahl unterschiedlicher Kanäle
- Wie arbeitet die CDP?
  Weitgehend automatisiert
- Was ist der Mehrwert der CDP?
  Aufbau einer gesamtheitlichen Sicht auf den Kunden sowie Aktivierung
  der gesammelten Daten
- Welche Tools können an eine CDP angeschlossen werden?
  Tools, die bei der Aktivierung der Daten unterstützen
- Wer profitiert davon?
  Alle Funktionsbereiche
- Welche Rahmenbedingungen müssen beachtet werden?
  – Vorgaben der Data Governance
  – Consent
  – Zweckgebundene Prozessierung auf Basis der Datensparsamkeit

Die Daten müssen über eine *Vielzahl von Kanälen* gewonnen werden, da diese
umfassenden Datenmengen nicht über einen einzelnen oder nur wenige Kanäle
generiert werden können. In einer CDP werden diese Daten zusammengeführt,
d. h., eine CDP stellt *eine zentrale Datenbank-Anwendung* dar. Damit soll insbesondere auch der Gefahr einer Datensilo-Bildung entgegengewirkt werden.
Eine CDP stellt aber keinen Selbstzweck als Datenbank dar. Vielmehr hat die
Zusammenführung der Daten aus unterschiedlichen Quellen die Zielsetzung, eine
gesamtheitliche Sicht auf den Kunden zu entwickeln. Konkret bedeutet dies, dass
bspw. Offline- und Online-Daten zusammengeführt werden.

Die in der Definition angesprochene weitgehend automatisierte Vorgehensweise bedeutet, dass die Sammlung, Zusammenführung und Aktivierung der

Daten in weiten Teilen ohne manuelle Eingriffe erfolgt. Ein Zutun des Menschen ist aber bspw. notwendig, um Datenquellen anzuschließen oder diejenigen, auf die optimiert werden soll, zu hinterlegen.

Die angesprochene gesamtheitliche Sicht auf den Kunden kann nun durch über Schnittstellen *angebundene Tools* genutzt werden. Damit kommt eine CDP einer Lösung nahe, die der bereits formulierten Herausforderung des Sendens der richtigen Botschaft an einen richtigen Kunden zum richtigen Zeitpunkt über den richtigen Kanal gerecht wird. Dabei übernimmt eine CDP die Aufgabe der Aggregation und Aktivierung dieser Daten. Die konkrete Nutzung der Daten kann auch über andere an die CDP angeschlossene Systeme erfolgen (z. B. durch ein Marketingtool, das die Daten der CDP zum automatischen Ausspielen von Kampagnen nutzt).

Die Berücksichtigung der Vorgaben der Data Governance in Verbindung mit Consent und zweckgebundener Prozessierung bedeutet, dass den bestehenden datenschutzrechtlichen Bestimmungen Rechnung getragen wird. So muss die CDP z. B. überprüfen, ob die Einwilligung des Kunden zur Nutzung der gespeicherten Daten vorliegt. Nur wenn dies der Fall ist, dürfen die Daten verwendet und bspw. den an die CDP angeschlossenen Engagement-Systemen übergeben werden.

Eine CDP kann also, vereinfacht ausgedrückt, als eine Art Scharnier verstanden werden, das unterschiedliche Systeme miteinander verbindet und die Daten aus diesen Systemen zusammenführt. Beispielsweise können Daten aus dem CRM-System (Adressdaten, Rechnungsdaten …), aus dem E-Commerce (Information über Abbruch des Einkaufs bei gefülltem Warenkorb), aus dem Marketing-System (Consent-Daten) sowie aus dem Backend (z. B. Daten aus dem ERP, der Supply Chain oder dem Inventory) zusammengeführt werden. Damit unterstützt eine CDP dabei, die gestiegene Komplexität zum Aktivieren dieser Daten abzubauen und die notwendige Geschwindigkeit zu erreichen, um sowohl mit den Bedürfnissen der Kunden als auch den Maßnahmen der Konkurrenz Schritt halten zu können.

Der Begriff CDP entstand im Jahr 2013 und wurde zur Beschreibung unterschiedlicher Marketinglösungen verwendet, die eine einheitliche Sicht auf den Kunden realisieren konnten (vgl. b.telligent, 2019). Genutzt wurden diese Kundendaten, um den Input für Anwendungen im Bereich der Predictive Analytics, Attribution, Personalisierung von Webseiten oder Kampagnenmanagement zu generieren. Im Laufe der Zeit erkannten die Anwender jedoch, dass die Datenbasis auch von anderen Anwendungen genutzt werden kann. Insofern wurden Funktionalitäten zum Teilen der Datenbasis mit anderen Anwendungen in die

Tab. 2.4 Bewertung von CDPs

#	Prozessschritt	Inhalt
1	Collect	Sammlung von Kundendaten über alle Kanäle
2	Understand	Aufbau möglichst vollständiger Kundenprofile
3	Decide	Entscheidungen auf Basis gesamtheitlicher Kundenprofile
4	Automate	Automatische Umsetzung von Maßnahmen möglich
5	Execute	Umsetzung entweder durch die CDP selbst oder durch angeschlossene Systeme

Lösungen integriert, woraus die ersten echten CDPs entstanden sind. Im gleichen Zeitraum ist noch eine zweite Entwicklungsrichtung festzustellen: Einige Anbieter von Lösungen für Web Analytics und Tag-Management erkannten, dass sie ihre Lösungen zu persistenten Datenbanken ausbauen können – und dadurch ebenfalls eine Form von CDP schafften.

Fähigkeiten und Möglichkeiten einer CDP

In Tab. 2.4 sind CDPs ebenfalls anhand des bekannten Datenzyklus systematisiert. Die beiden ersten Schritte des Sammelns und des Verstehens wurden bereits umfassend ausgeführt. Im Hinblick auf den dritten Schritt ist zu erkennen, dass Entscheidungen auf Basis gesamtheitlicher und damit möglichst vollständiger Kundenprofile gefällt werden können. Damit können mithilfe einer CDP Entscheidungen getroffen werden, die mit einem deutlich geringeren Maß an Unsicherheit behaftet sind als Entscheidungen, die mit CRM- oder DMP-Unterstützung getroffen werden.

Weiterhin wird auch deutlich, dass durch CDPs automatisierte Entscheidungen getroffen werden können. Beispielsweise kann in einer CDP hinterlegt werden, dass Kunden automatische Erinnerungen in Abhängigkeit vom Nutzungszyklus des von ihnen gekauften Produktes erhalten (bspw. automatisierte Erinnerung fünf Monate nach dem Kauf einer Sechs-Monats-Packung Kontaktlinsen). Über DMPs kann solch eine Erinnerung zwar ebenfalls an die betreffenden Kunden gesendet werden, allerdings muss dieser Zusammenhang erst identifiziert und die Aufforderung zum Versand der Erinnerung manuell an das verantwortliche Team weitergeleitet werden. Zwingend notwendig für eine Automatisierung ist jedoch eine Berücksichtigung des Kundenconsents. Dies wird in einer CDP über den sog. Respect Layer umgesetzt, in dem die Data Governance abgebildet ist.

Vergleicht man nun den Datenzyklus der CDP mit denjenigen von CRM-Systemen, DMPs und BI-Systemen, so ist festzustellen, dass CRM-Systeme wesentlich bei den ersten beiden Schritten Collect und Understand unterstützen können, hierbei jedoch Einschränkungen im Hinblick auf die Anzahl der berücksichtigten Kanäle bestehen. Der Schwerpunkt von DMPs liegt hingegen eher im Bereich Aktivierung und damit der Umsetzung, wobei auch hier Einschränkungen zu berücksichtigen sind, nämlich die ausschließliche Verwendung von Online-Daten sowie mangelnde Möglichkeit zu einer wirklichen Automatisierung.

Vergleich CDP mit BI-, CRM- und DMP-Systemen
CDPs können hingegen bei allen fünf Prozessschritten unterstützen. Sie unterliegen nicht den Einschränkungen anderer Systeme, wonach z. B. nur Daten aus bestimmten Quellen berücksichtigt werden können.

Neben der Unterscheidung der Prozessschritte ist es vor allem wichtig zu unterscheiden, für welchen Zweck die verschiedenen Systeme verwendet werden.

- **CRM:** CRM-Systeme werden hauptsächlich zur Automatisierung im Vertrieb verwendet.
- **DMP:** DMPs dienen der Aktivierung von Third Party Audiences.
- **BI/DW:** BI und DW unterstützen bei der Zentralisierung und der Analyse von historischen Daten.
- **CDP:** CDPS bieten ein einheitliches Datenmodell zur Datennutzung und Datenaktivierung in Echtzeit.

Aufgrund der Vielzahl der vorhandenen Systeme in allen vier Bereichen (CRM, DMP, BI sowie CDP) möchte ich aber ergänzend zu Tab. 2.5 festhalten, dass diese eine starke Vereinfachung darstellt und nicht für jeden Einzelfall passend sein muss. So gibt es bspw. durchaus DMPs, mittels derer sehr gut Daten gewonnen werden können, oder auch CRM-Systeme, die die Entscheidungsfindung sehr gut unterstützen können.

2.3 Abgrenzung von CDPs

In diesem Abschnitt arbeite ich die Unterschiede zwischen einer CDP und CRM-, BI- sowie DMP-Systemen heraus, um eine Abgrenzung herzustellen. Wichtig ist es mir aber in diesem Kontext festzuhalten, dass es nicht um eine Konkurrenz zwischen der CDP und anderen Systemen im Sinne eines „... ist besser, weil ..." geht. Natürlich kann eine CDP gewisse Funktionen der anderen Systeme übernehmen. Allerdings ist auch ein „Miteinander" der Systeme möglich. Letztendlich müssen wir einen Modus finden, bei dem durch eine Kombination der Systeme der größtmögliche Mehrwert für das Unternehmen geschaffen werden kann.

Tab. 2.5 Vergleich der Systeme

#	Prozessschritt	CRM-System	DMP	BI-System/Data Warehouse	CDP
1	Collect	+	–	0	+
2	Understand	+	–	+	+
3	Decide	0	–	+	+
4	Automate	–	0	0	+
5	Execute	–	+	–	+

Legende:
+ bedeutet, dass das System die Aufgabe vollumfänglich umzusetzen in der Lage ist
0 weist auf eine teilweise Fähigkeit zur Umsetzung der Aufgabe hin
– bedeutet, dass das System die Aufgabe nicht umsetzen kann
Die Markierungen basieren auf meiner Erfahrung, d. h., im Einzelfall können u. U. Abweichungen auftreten

2.3.1 Abgrenzung von CDPs und CRMs

CRMs weisen im Vergleich zu CDPs einen deutlich geringeren Funktionsumfang auf. So können CRMs meist nur eine begrenzte Anzahl an Kanälen zur Kommunikation und Interaktion mit den Kunden verwalten und die Daten können nur aus bestimmten Quellen in das CRM-System integriert werden. Insbesondere können in eine CDP auch Offline- sowie Onlinequellen integriert werden. Festzustellen ist auch, dass CRM-Systeme typischerweise nur bestimmte Bereiche sowohl der Kundenreise als auch des Kundenlebenszyklus zu unterstützen in der Lage sind. So kann das CRM zwar bei der Gewinnung von Leads unterstützen, die Nachverfolgung auf den weiteren Stationen der Kundenreise ist hingegen nur eingeschränkt möglich. Bezüglich des Kundenlebenszyklus können CRM-Systeme ebenfalls punktuell unterstützen (z. B. bei der Kundensegmentierung oder der Abwanderungsanalyse), CDPs unterstützen jedoch den gesamten Lebenszyklus des Kunden vom ersten Kontakt an.

2.3.2 Abgrenzung von CDPs und DMPs

Sowohl CDP als auch DMP sind in der Lage, First-Party-, Second-Party- und Third-Party-Daten zu bearbeiten. Allerdings liegt der Schwerpunkt bei der DMP auf der Verarbeitung von Third-Party-Daten bspw. in Form von Cookies, um anonyme, aber dennoch durch Onlinemarketing-Maßnahmen adressierbare Zielgruppensegmente bilden zu können. CDPs legen den Schwerpunkt hingegen auf die Auswertung von First-Party-Daten mit der Zielsetzung, einzelne Personen zu identifizieren und ein möglichst genaues Bild dieser Personen aufzubauen. Durch das Stützen auf Cookies werden die Daten in DMPs nur für einen begrenzten Zeitraum vorgehalten. CDPs sind darauf ausgelegt, kontinuierlich Daten zu sammeln und zu speichern, um durch die Analyse einer Vielzahl von Touchpoints des Kunden mit dem Unternehmen Erkenntnisse zu gewinnen. Aufgrund ihrer unterschiedlichen Ausrichtung und Zielsetzung nehmen die beiden Systeme unterschiedliche Aufgaben wahr: DMPs können zur Segmentierung und Echtzeitansprache anonymer Kundensegmente genutzt werden. CDPs dahingegen helfen dem Marketer, den Kunden besser zu verstehen, seine Bedürfnisse (z. B. Informationsbedarf zu einem spezifischen Zeitpunkt auf der Kundenreise) zu identifizieren und geeignete Maßnahmen zu ergreifen.

2.3.3 Abgrenzung von CDPs und BI-Systemen

Bei BI-Systemen liegt der Schwerpunkt auf dem Reporting von Kennzahlen für einen definierten Zeitraum. Genutzt wird hierzu Big Data, wobei diese großen Datenmengen innerhalb sehr kurzer Zeit verarbeitet werden. Entscheidend ist dabei die Genauigkeit der Reportings. Nicht im Fokus stehen bei BI-Systemen hingegen ein gesamtheitlicher Blick (z. B. auf einen Kunden) oder die Aktivierung der Daten. Eine Abgrenzung von CDP und BI-System lässt sich an folgendem Beispiel veranschaulichen: Bei einer CDP können die Daten auf Kundenebene aggregiert werden, wodurch ein detaillierter Blick auf den Kunden ermöglicht wird. In einem BI-System würden hingegen Daten wie bspw. der Umsatz pro Kunde oder der Gesamtumsatz über alle Kunden dargestellt werden.

Eine CDP könnte man auch mit einem Kontaktbuch vergleichen, in dem alle relevanten Kundendaten gespeichert sind. Ein BI-System wäre in diesem Bild so etwas wie eine Excel-Tabelle, über die lediglich die reinen Kundenkennzahlen eingesehen und abgerufen werden können.

2.3.4 Zusammenfassung

Einen umfassenden Vergleich liefert die Tab. 2.6, welche die drei Anwendungen anhand von sieben Dimensionen vergleicht. Der Tabelle ist zunächst zu entnehmen, dass die wesentlichen Unterscheidungsmerkmale einer CDP eine

Tab. 2.6 Zusammenfassender Vergleich der Systeme

#	Prozessschritt	CRM-System	DMP	BI-System	CDP
1	Gesamtheitliche Sicht auf den Kunden				X
2	Identifizierung eines bestimmten Kunden möglich	X			X
3	Schwerpunkt auf First-Party-Daten	X		X	X
4	Schwerpunkt auf Third-Party-Daten		X		
5	Echtzeit-Funktionalität (= real time)		X	X	X
6	Integration bestehender Kundenprofile möglich	X			X
7	Identity Resolution		X		X

gesamtheitliche Sicht auf den Kunden sowie die Identifizierung bestimmter Kunden sind. Weiterhin konzentriert sich eine CDP auf First-Party-Daten und ist damit deutlich weniger von den in Abschn. 1.3 beschriebenen technischen und rechtlichen Entwicklungen in Zusammenhang mit der Einschränkung von Third-Party-Daten betroffen.

Wer jetzt allerdings glaubt, dass die Anschaffung einer CDP *das* Allheilmittel für alle Unternehmen darstellt, der sei (leider) gewarnt. Eine CDP ist und bleibt eine Software-Anwendung und kann als solche lediglich bei der Umsetzung von Prozessen unterstützen, die Umsetzung von Aufgaben erleichtern sowie den Automatisierungsgrad erhöhen. Allerdings muss meiner Ansicht nach ein Unternehmen vor der Implementierung einer CDP eine Reihe von Voraussetzungen erfüllen:

- CDPs stellen den Kunden in den Mittelpunkt der Betrachtung. Dies kann aber ein Unternehmen nur dann nutzen, wenn es selbst ein hohes Maß an Kundenorientierung verwirklicht hat.
- Die Implementierung sowie die Nutzung einer CDP setzen einen Organisationswandel voraus. Dieser bezieht sich bspw. auf die Zusammenarbeit zwischen den einzelnen Teams wie bspw. den Online-Marketing-Teams, aber auch auf die Kooperation zwischen dem Marketing und anderen Abteilungen im Unternehmen. Zielsetzung ist es, den Kunden in den Mittelpunkt der Betrachtung zu stellen und eine einheitliche Sicht auf den Kunden über alle

Abteilungen zu erarbeiten – und nicht unterschiedliche Sichtweisen auf den Kunden je nach Abteilung.

Nachfolgend zeige ich euch einen ersten Use Case für eine CDP.

2.4   Use Case 1: CDP im E-Commerce

Gastbeitrag von Tatu Kuivalahti, Custobar
Ein (skandinavischer) Händler im Outdoor-Bereich mit einer großen Online-Präsenz und vielen Filialen entschied sich für den Einsatz einer CDP. Gründe für diese Entscheidung gab es viele: Zwar wächst der Online-Markt nach wie vor jedes Jahr, doch auch die Zahl der Anbieter hat zugenommen, was inzwischen zu einem Verdrängungswettbewerb führt. Zudem konkurrieren die Onlinehändler mit großen Plattformen. Deswegen, so der Leiter E-Commerce & Marketing des Outdoor-Händlers, sei es unumgänglich, auf Kundendaten basierende, zielgerichtete Kampagnen zu nutzen. Dazu ist es notwendig, klar definierte und abgegrenzte Kundenprofile zu erstellen und durch Kampagnen zu adressieren – was den Einsatz einer CDP erfordert.

Die CDP unterstützt bei der Anlage von Kampagnen, die auf Verhaltens- und Kaufdaten der Nutzer beruhen. Diese Kampagnen haben eine durchschnittliche Öffnungsrate von 50 % und eine Click-Through-Rate (CTR) im Bereich von 10 bis 15 %. Insgesamt konnte der Outdoor-Händler durch die zielgerichteten Kampagnen einen fünfmal höheren Umsatz erzielen als vor der Nutzung der CDP.

Vorteile für den Händler ergeben sich aber nicht nur durch die höheren Umsätze, sondern auch durch eine Reihe anderer Funktionalitäten der CDP:

- Die CDP erlaubt, die Daten aus dem Onlinebereich und den Filialen an einer zentralen Stelle zusammenzuführen. Dies ist von entscheidender Bedeutung, um den Kunden einen exzellenten Service bieten zu können.
- Die CDP erlaubt die Automatisierung von Maßnahmen, die ehemals manuell ausgeführt werden mussten.

Bei der angesprochenen Automatisierung geht es dem Unternehmen aber nicht um eine reine Umsatzerhöhung durch ein Cross-Selling beliebiger Produkte. Vielmehr sind alle Maßnahmen in Zusammenhang mit Marketing Automation darauf ausgerichtet, dem Kunden das bestmögliche Erlebnis zu bieten. Cross-Selling in diesem Kontext bedeutet bspw., einem Kunden, der einen teuren Wintermantel aus Merino-Wolle gekauft hat, Pflegehinweise für diesen Mantel zukommen zu lassen – mit einem Pflegemittel aus dem Sortiment des Outdoor-Händlers. Alleine durch die in diesem Zusammenhang verkauften Produkte kann das Unternehmen einen erheblichen Umsatz generieren. Auf den Punkt gebracht unterstützt die Automatisierung, der Heterogenität der Kundenwünsche und Kundenbedürfnisse Herr zu werden. Der Leiter E-Commerce & Marketing des Outdoor-Händlers kommt für sich zu dem Ergebnis, dass die Kenntnis der sehr unterschiedlichen Kunden und die Nutzung der Kundendaten den entscheidenden Erfolgsfaktor für sein Business darstellen. Seine Kollegin, die Customer-Experience-Managerin geht noch einen Schritt weiter und sagt: „Every eCommerce should have a CDP system in place."

Literatur

Rashedi, J. (2020). *Datengetriebenes Marketing*. Springer Gabler.
b.telligent. (2019). Customer Data Platform Experte David Raab im Interview. https://www.btelligent.com/unternehmen/presse-news/detail/article/experteninterview-mit-david-raab/. Zugegriffen: 2. Nov. 2022.
Leußer, W., Hippner, H., & Wilde, K. D. (2011). CRM – Grundlagen, Konzepte und Prozesse. In H. Hippner, B. Hubrich, & K. D. Wilde (Hrsg.), *Grundlagen des CRM* (S. 15–55). Gabler. https://doi.org/10.1007/978-3-8349-6618-6_1.

Funktionen und Arten von CDPs

3

Zusammenfassung

In diesem Kapitel wird die Funktionsweise einer CDP anhand der fünf Schritte des Datenzyklus beschrieben. Außerdem wird erläutert, welche Arten von CDPs es gibt. Das Kapitel schließt mit dem Use Case eines Familienunternehmens.

3.1 Funktionen von CDPs

3.1.1 Collect

Der erste Schritt umfasst die Datensammlung (Collect) über eine Reihe unterschiedlicher Online- und Offline-Quellen. Es können hierbei sowohl strukturierte als auch nichtstrukturierte Daten gesammelt werden. Der Schwerpunkt bei der Datengenerierung liegt auf First-Party-Daten. Sofern die First-Party-Daten nicht ausreichen, werden diese durch Second- und Third-Party-Daten angereichert. Für die Aufnahme von Daten aus den einzelnen Kanälen (=Ingest) bestehen unterschiedliche Möglichkeiten:

- Anbindung via „Plug-and-Play",
- Anbindung über Standard-Connectoren,
- Anbindung über Connectors-Hub: Ein Connectors-Hub ist eine Lösung, über die die Anbindung und die Datenübertragung über alle angebundenen Schnittstellen zentral verwaltet und gesteuert werden können.

Typischerweise können Daten aus folgenden Offline- und Online-Quellen integriert werden:

© Der/die Autor(en), exklusiv lizenziert an Springer Fachmedien Wiesbaden   37
GmbH, ein Teil von Springer Nature 2023
J. Rashedi und L. Mauer, *Customer-Data-Plattformen*,
https://doi.org/10.1007/978-3-658-40540-3_3

- Demografische Daten aus einer Kundendatenbank
- Response-Daten aus der digitalen Kommunikation
- Daten aus CRM-Systemen
- Daten aus Kundenumfragen
- Daten von IoT-Geräten
- Daten aus Shop-Systemen
- Daten aus dem PoS
- Webseiten-Daten z. B. über Google-Analytics
- Daten aus den Social Media
- Bezahldaten
- Daten aus Service-Systemen
- Daten aus Produktdaten-Systemen
- Daten aus Applikationen für mobile Endgeräte
- Standortbezogene Daten
- Daten von „Data Brokers" zur Anreicherung der First-Party-Daten im B2B-Umfeld

Aus den unterschiedlichen Quellen ist zu erkennen, dass die Daten unterschiedliche Formate aufweisen können: strukturierte Daten, halbstrukturierte Daten, unstrukturierte Daten oder schema-freie Daten. Letztgenannter Datentyp bedeutet, dass im Vorfeld der Integration überhaupt keine Spezifizierung über die Daten vorgenommen wird oder vorgenommen werden kann und diese erst im Nachgang erfolgt. Weiterhin wird bei der Datenintegration unterschieden zwischen:

- Client-Built Data Load, d. h., eine Anbindung neuer Quellen an die CDP kann durch technisches Personal des Kunden ohne Rückgriff auf Personal des CDP-Anbieters erfolgen, und
- End User Data Load, d. h., eine Anbindung neuer Quellen kann durch nichttechnisches Personal des Kunden ohne technisches Personal oder Programmierfähigkeiten erfolgen.

Weitere Möglichkeiten zur Datenintegration sind bspw.:

- Nutzung eines Website-Tags,
- Nutzung von Cookies und
- Ingestion Software Development Kits (SDK).

Nach der Aufnahme der Daten können diese weiterverarbeitet werden (=Process).

3.1.2 Understand

Im zweiten Schritt des Datenzyklus (Understand) müssen die gesammelten Daten aus den unterschiedlichen Quellen zusammengeführt werden. Ziel der Zusammenführung ist der Aufbau von Unified Customer Profiles. Darunter wird ein einziges Profil für jeden Kunden verstanden, das alle im Unternehmen verfügbaren Daten beinhaltet (=Expose). Dadurch sollen u. a. Doppelungen (z. B. separates Online- und Offline-Profil desselben Kunden) vermieden werden. Ein Single Customer View beinhaltet also das möglichst vollständige Abbild eines einzigen Kunden, wodurch das Unternehmen individuelle Wünsche und Bedürfnisse ableiten sowie Verhalten antizipieren kann (=Prediction). Die Kundenprofile sind weiterhin normalisiert, d. h., sie werden „auf den gleichen Nenner" gebracht und weisen eine einheitliche Struktur auf.

Im Rahmen des zweiten Schrittes werden also die aus den verschiedenen Quellen vorhandenen Daten entweder zum Aufbau bisher nicht vorhandener oder zur Anreicherung bestehender Kundenprofile genutzt. Im Zuge der Zusammenführung finden auch eine Bereinigung (=Cleansing) und eine Validierung der Daten statt. Für die eigentliche Zusammenführung ist ein sog. Identifier notwendig. Hierbei handelt es sich um ein eindeutiges Merkmal, über das ein Kunde identifiziert werden kann. Identifier können bspw. der Name, eine Kunden-ID oder eine Tracking-ID sein.

Weiterhin ist es im zweiten Schritt auch möglich, mehrere Kundenprofile zu Segmenten zu gruppieren, um dadurch Kundensegmente zu schaffen. Somit können in der Folge entweder einzelne Kunden oder ganze Kundensegmente angesprochen (=Segmentation) und Kundengruppen (=Audiences) gebildet werden. Die gewonnenen Erkenntnisse erlauben insgesamt eine Optimierung der marketingbezogenen Maßnahmen (=Optimization).

In Abhängigkeit von der konkreten Datenbank können auch Daten in Echtzeit verarbeitet werden, d. h., es liegt nur eine sehr kurze Zeitspanne zwischen der Integration der Daten und dem Update der betroffenen Profile.

Exkurs: Targeting und Identifizierung

Konkret werden bei diesem sog. Identity-Management drei Vorgehensweisen unterschieden: Eine erste Möglichkeit hierzu ist das Third-Party-Cookie-lose Targeting, das in der Form des kontextuellen Targetings und des Realtime Targetings existiert. Beim kontextuellen Targeting erfolgt eine Nutzung der Webseiteninhalte zur Gewinnung von Targeting-Informationen. Dazu scannt ein Crawler jede einzelne URL einer Webseite und analysiert die Inhalte über semantische bzw. linguistische Algorithmen, um den Kontext zu verstehen. Im Anschluss werden die Inhalte kategorisiert, bspw. anhand der Standardkategorien des IAB (z. B. IAB1 Kunst und Unterhaltung, IAB2 Automobil, IAB3 Geschäft …). Durch dieses „Verstehen" der

Seite kann der Ad-Server in der Folge einem Besucher der Seite kontextbezogene Werbung ausspielen. Das kontextuelle Targeting kann durch die Verwendung eigener Keywords bzw. Keyword-Kategorien noch verfeinert werden. Da die dem Nutzer ausgespielte Werbung eine inhaltliche Passung zur Webseite aufweist, ergänzt sie den Seiteninhalt und wird vom Nutzer als weniger störend wahrgenommen. Gleichzeitig weist die Werbung einen höheren Bezug zu den tatsächlichen Interessen des Nutzers auf, wodurch die Effektivität der Werbung erhöht wird und Streuverluste vermindert werden. Festzuhalten ist allerdings, dass beim kontextuellen Targeting einige Herausforderungen auftreten können. So kann nicht für jede Seite eine genaue inhaltliche Ausrichtung festgestellt werden, insbesondere wenn mehrere unterschiedliche Themen auf der Seite platziert sind. Weiterhin besteht auch die Gefahr, dass Werbung in einem für das Unternehmen ungünstigen Kontext ausgespielt wird (bspw. Fahrzeugwerbung in einem Artikel über eine Massenkarambolage auf der Autobahn).

Beim Realtime Targeting, der zweiten Variante, werden über den Browser verfügbare Daten (z. B. Standardsprache, User Agent, Referrer, Klickverhalten) verwendet, um Nutzer zu segmentieren (z. B. Erstbesucher versus wiederkehrende Besucher) und segmentspezifische Inhalte auszuspielen. Umgekehrt kann aber auch verhindert werden, dass die Werbung einer Marke in einem für die Marke schädlichen Umfeld ausgespielt wird.

Neben dem Third-Party-Cookie-losen Targeting stellen ID-Lösungen eine dritte Möglichkeit dar. Bei ID-Lösungen werden First Party-Daten gesammelt und mit einer ID versehen. Die ID-Lösungen besitzen Zugriff auf der Ebene der Domain und können dadurch First-Party-Cookies setzen. Bei den ID-Lösungen werden drei Varianten unterschieden:

- **Persistente IDs:** Persistente IDs basieren auf persönlichen Daten wie bspw. einem Login über eine E-Mail-Adresse oder eine Telefonnummer. Diese Login-Informationen werden in eine im Zeitablauf unveränderliche ID überführt und im Browser gespeichert. Dadurch ist eine seitenübergreifende Wiedererkennung des Nutzers möglich. Der Vorteil persistenter IDs ist die hohe Genauigkeit, da eine fehlerhafte Zuordnung sehr unwahrscheinlich ist. Nachteile sind sowohl eine geringere Reichweite als auch eine reduzierte Zuordenbarkeit, bspw. wenn ein Nutzer mehrere unterschiedliche Logins verwendet.
- **Deterministische IDs:** Andere CDPs nutzen sog. deterministische Übereinstimmungen, um Profile aufzubauen. Eine deterministische Übereinstimmung ist z. B., wenn über die gleiche MAC-Adresse und damit von einem ganz spezifischen Gerät sowohl eine E-Mail gelesen als auch eine Webseite aufgerufen wird. Auch bei dieser Variante ist eine hohe Treffsicherheit gewährleistet, da z. B. eine MAC-Adresse einmalig ist und nicht bei zwei unterschiedlichen Endgeräten vorkommen kann. Allerdings können diese IDs eine kürzere Lebensdauer als persistente IDs aufweisen: So ist ein Nutzer z. B. nicht wiederzuerkennen, wenn er ein neues Endgerät mit einer neuen MAC-Adresse nutzt.
- **Probabilistische IDs:** Nach dem probabilistischen Prinzip arbeitende CDPs nutzen zur Profilerstellung wahrscheinliche Übereinstimmungen. So geht eine CDP, die nach diesem Muster arbeitet, davon aus, dass zwei Geräte, die am gleichen Ort genutzt werden, zu ein- und derselben Person gehören. Weitere Daten, die zur Erstellung einer ID genutzt werden können, sind z. B. IP-Adressen, Zeitstempel oder Geodaten. Probabilistische IDs erlauben zwar eine hohe Reichweite, verfügen aber auch über eine höhere Fehlerwahrscheinlichkeit.

Wie in Abschn. 1.3 bereits ausgeführt, hat auch Google angekündigt, keine Cookies von Drittanbietern mehr zu unterstützen. Da jedoch Alphabet (=Dachgesellschaft von Google sowie den ehemaligen Tochterfirmen von Google) einen wesentlichen Teil seiner Einnahmen über Werbung generiert, würde das Unternehmen im Gegensatz zu Browseranbietern wie Safari oder Firefox die Unterstützung von Cookies nicht einstellen, ohne werbetreibenden Unternehmen Alternativen zu bieten. Diese Alternative nennt sich Privacy Sandbox und wurde bereits im Jahr 2019 vorgestellt. Zielsetzung der Privacy Sandbox ist es, einen Tradeoff zwischen datenschutzrechtlichen Bestimmungen und den persönlichen Daten der Nutzer auf der einen Seite und der Ermöglichung von zielgerichteter Werbung auf der anderen Seite herzustellen. Der Begriff Sandbox bezieht sich in Zusammenhang mit der Informationstechnik auf einen geschützten und isolierten Bereich, in dem ergriffene Maßnahmen keinerlei Auswirkungen auf die Umgebung besitzen. Die Privacy Sandbox stellt nun also einen geschützten Bereich dar, in dem Werbeprozesse umgesetzt werden. Konkret besteht die Privacy Sandbox aus drei Komponenten:

- Verhinderung von seitenübergreifenden Tracking-Maßnahmen, die aktuell u. a. von Third-Party-Cookies ausgeführt werden.
- Abbau von Third-Party Cookies, indem eine Differenzierung in First-Party-Cookies und Third-Party Cookies durch Verwendung des SameSite-Attributs erfolgt. Über das SameSite-Attribut kann festgestellt werden, welche Cookies webseitenübergreifend ausgelesen werden können und bei welchen Cookies dies nicht der Fall ist. In der Folge können Third-Party Cookies deaktiviert werden.
- Abschwächung von Maßnahmen wie bspw. des Fingerprintings. Fingerprinting bedeutet das Erstellen eines Nutzerprofils über die spezifische Hardware, Software sowie die verwendeten Add-ons und Einstellungen.

3.1.3 Decide und Automate

Der dritte und der vierte Schritt können zusammen betrachtet werden. In diesem Kontext steht die Frage im Raum, auf welche Weise im besten Fall automatisiert Entscheidungen getroffen werden können. Diese Frage hängt maßgeblich von der „Intelligenz" der CDP ab. Konkret lassen sich hierzu drei Fälle unterscheiden:

- Eine „unintelligente" CDP arbeitet nach einem im Vorfeld definierten Regelwerk, welches der Wenn-dann-Logik folgt. Konkret bedeutet dies, dass bei Eintritt eines im Vorfeld festgelegten Ereignisses eine Maßnahme ausgelöst wird. Ein Beispiel wäre, dass über eine CDP jedem Kunden unterschiedslos nach vier Wochen eine Erinnerung via E-Mail geschickt wird.
- Eine „mäßig intelligente" CDP ist in der Lage, Analogien zu bilden, und kann auf dieser Basis einem menschlichen Entscheider Vorschläge unterbreiten. Ein Beispiel in diesem Kontext ist, dass die CDP ein Kundensegment vorschlägt, welches auf Basis bestimmter Merkmale reaktiviert werden sollte, da diese Kunden sonst abwandern würden.

- Eine „intelligente" CDP arbeitet vollautomatisiert unter Nutzung von KI. Diese durchsucht die in der CDP zur Verfügung stehenden Daten und gelangt dadurch zu Erkenntnissen, die unmittelbar umgesetzt werden können. Beispielsweise kann eine KI durch eine Analyse des Kaufverhaltens Merkmale von Kunden identifizieren, die den Kauf einer gewissen Produktkategorie wahrscheinlicher machen (=Personalization). Darauf basierend kann z. B. Werbung zielorientierter ausgespielt werden. Ein weiteres Merkmal wäre bspw. die Identifizierung der durchschnittlichen Verwendungsdauer eines Produktes (z. B. bis eine Packung Nahrungsergänzungsmittel mit 500 g aufgebraucht ist) in Abhängigkeit von demografischen Eigenschaften oder Verhaltensmerkmalen (z. B. Gewicht, ausgeübte Sportarten …).

Wie die genannten unterschiedlichen Varianten erkennen lassen, können CDPs unterschiedliche Automatisierungsgrade aufweisen. Im ersten Beispiel kann zwar die E-Mail automatisiert verschickt werden, der Trigger hierzu musste aber von einem Menschen erarbeitet werden. Im zweiten Beispiel kann eine CDP zumindest Vorschläge machen, im dritten Beispiel liefert sie auf mathematischen bzw. statistischen Zusammenhängen basierende Empfehlungen, die zudem auch vollautomatisiert umgesetzt werden können. Als Nachteil der dritten Variante muss allerdings der Umstand betrachtet werden, dass die Entscheidungen von einem Menschen nicht mehr oder nicht mehr in vollem Umfang nachvollzogen werden können. Dies ist ein typisches KI-Problem, das z. B. bei der Verwendung neuronaler Netze auftritt: Der Mensch kennt zwar den Dateninput (gesamte Kundenprofile der CDP oder einen Teilbereich daraus wie z. B. bestimmte Merkmale aus den Kundenprofilen) und die generierten Erkenntnisse (hier: generierte Handlungsempfehlungen), er kann aber nicht nachvollziehen, was in den Hidden Layern des neuronalen Netzes passiert ist. Die KI stellt also eine Black Box dar, deren Prozesse nicht nachvollzogen werden können. Für den Fall der CDP bedeutet dies, dass der menschliche Nutzer letztendlich dem System vertrauen muss (vgl. Schaaf, 2020).

3.1.4 Execute

Der letzte Schritt im Datenzyklus bezieht sich auf die fortwährende Umsetzung und Ausführung von aus den Erkenntnissen gewonnenen Maßnahmen (=Orchestration). Eine Umsetzung von Maßnahmen kann dabei auf zwei unterschiedliche Arten erfolgen: Bei der ersten Variante erfolgt die Umsetzung nicht durch die CDP selbst, d. h., die CDP führt keine direkte Kommunikation mit dem Kunden durch. Vielmehr stellt die CDP den einzelnen Channels die für die Kommunikation mit dem Kunden notwendigen Informationen zur Verfügung. Die Channels entscheiden, wie die von der CDP gelieferten Daten weiter genutzt und verarbeitet werden. Der Vorteil bei dieser Variante ist, dass die CDP meistens in eine bereits reife Struktur eingebaut werden kann, da z. B. Newsletter-Tools, Personalisierungs-Tools oder andere Lösungen bereits bestehen. Für die Bediener der jeweiligen Tools ändert sich nichts, sie bekommen lediglich über den Kanal CDP Daten geliefert.

Bei der zweiten Variante verfügt die CDP selbst über die notwendigen Funktionalitäten und die gewonnenen Erkenntnisse können direkt in Maßnahmen umgesetzt werden (z. B. automatisches Versenden eines Newsletters, Werbung für eine bestimmte Zielgruppe in einem sozialen Netzwerk etc.).

Die beschriebenen Maßnahmen sind sehr stark auf das Marketing fokussiert. Mir ist es aber wichtig zu betonen, dass das Marketing zwar einen wichtigen Einsatzbereich für CDPs darstellt, CDPs aber noch eine Reihe weiterer Einsatzszenarien bedienen (siehe hierzu auch die Use Cases in Abschn. 4.3).[1]

Eine dieser Möglichkeiten ist die Integration von ERP-Daten in die CDP mit dem Ziel, den Umsatz des Unternehmens zu steigern. Gehen wir von einem Einzelhandelsunternehmen aus: Einzelhändler erstellen ihre Umsatzprognosen auf Basis ihrer Erfahrungen aus der Vergangenheit sowie unter Einbezug von historischen Verkaufszahlen und KPIs aus dem Marketing. Nutzt der Einzelhändler hingegen eine CDP, so kann er Daten und Kennzahlen aus dem Backend einbringen, wodurch bspw. Aussagen zu folgenden Aspekten möglich werden:

- **Was kann ich verkaufen?** Aufbau eines tiefen Verständnisses des eigenen Bestandes, differenziert nach einzelnen Artikelnummern (Stock Keeping Unit, SKU), Farben, Größen und Preisen. Diese Daten können aus dem Supply-Chain-Management in die CDP integriert werden.
- **Wie hoch ist der Gewinn?** Aufbau eines tiefen Verständnisses der Rentabilität aus dem Verkauf jeder SKU auf dem Markt, basierend auf der Wirtschaftlichkeit der Einheit, historischen Daten über Margen sowie Daten aus dem Bestandsbuch.
- **Wer ist der beste Käufer?** Auf Grundlage von Daten zum Retourenmanagement, zu Nachhaltigkeitswerten und ähnlichen Größen kann der echte Lifetime Value (LTV) eines Kunden bestimmt werden. Dieser basiert auf der Gesamtrentabilität und berücksichtigt dabei nicht nur den Gesamtumsatz des

---

[1] Der beschriebene Use Case wurde vom Unternehmen SAP zur Verfügung gestellt.

Kunden, sondern auch die Gesamterträge sowie die für den einzelnen Kunden anfallenden Kosten.

• **Wo soll ich verkaufen?** Antworten auf diese Frage können auf Grundlage eines Echtzeit-Bestandsmanagements und von Daten zur Zustellbarkeit gewonnen werden. Konkret kann bspw. entschieden werden, ob der Händler ein Produkt eher online oder offline verkaufen sollte.

3.1.5 Zusammenfassung

Tab. 3.1 fasst die wesentlichen Maßnahmen zur Funktionsweise einer CDP, differenziert nach den einzelnen Schritten, zusammen.

Ergänzend soll an dieser Stelle ein praktisches Beispiel zur Funktionsweise einer CDP angeführt werden, welches die Bereiche Marketing, Commerce, Sales und Service kombiniert.[2]

3.2   Use Case 2: CDP bei einem Dienstleister

In diesem Beispiel gehen wir von Anna aus, der Freundin unseres Triathleten Rafael. Anna plant aktuell ihren Urlaub. Hierzu nutzt die junge Frau verschiedene soziale Medien. In ihrem Instagram-Feed entdeckt sie einen Post von einem Hotel auf Santorini. Anna klickt auf den Post und wird auf die Webseite des Hotels weitergeleitet.

▶ **Wichtig**
   Welche Daten wurden an dieser Stelle bereits gesammelt?
   Über die Webseite wurde nach Annas Einwilligung für das Cookie Tracking die Device ID ihres Gerätes gespeichert. Die CDP des Hotels auf Santorini kann also bereits ein anonymes Profil anlegen.

Am Nachmittag des gleichen Tages recherchiert Anna noch etwas weiter. Sie sucht insbesondere nach Hotels, die eine gute vegetarische Küche anbieten. Sie findet drei Hotels, die jedoch alle der gleichen Unternehmensgruppe angehören. Anna meldet sich auf der Webseite der Gruppe für den Newsletter an und akzeptiert die AGBs. Außerdem gibt sie noch ihre Präferenzen bzgl. der Reisezeit an und teilt dem Unternehmen mit, dass sie bevorzugt über E-Mail kontaktiert werden möchte.

---

[2] Es handelt sich um ein vom Unternehmen SAP zur Verfügung gestelltes Beispiel.

Tab. 3.1 Zusammenfassung der Funktionsweise von CDPs

Collect	Understand	Decide	Automate	Execute
Offline-Datenquellen	Sammlung und Zusammenführung (process Data)	Treffen von Entscheidungen und Maßnahmen; Personalisierung (=Personalization)	Unintelligente CDPs (Arbeit nach vordefinierten Regeln)	Ausführung von Maßnahmen durch die CDP selbst
	Erstellung gesamtheitlicher Profile (expose Data)		Mäßig intelligente CDPs (machen Vorschläge auf Basis von Analogien)	
Online-Datenquellen	Durchführung von Analysen und Vorhersagen (=Analytics)		Intelligente IDPs (generieren eigenständig Erkenntnisse)	Ausführung von Maßnahmen über angeschlossene Systeme

▶ **Wichtig**
Welche Daten wurden nun bereits gesammelt?
Gesammelt wurden nun Cookie ID, E-Mail-Adresse über die
Newsletter-Anmeldung, Consent, Präferenzen für die Verbindungs-
aufnahme.

Da Anna noch eine Frage zu der Anreise hat, meldet sie sich per E-Mail (hierzu
nutzt die Hotelgruppe ein Marketing-Automation-Tool).

▶ **Wichtig**
Über welche Daten verfügt die Hotelgruppe jetzt?
Der Propensity-Score für den Kunden konnte aktualisiert werden,
da Anna durch die Kontaktaufnahme Interesse signalisiert hat und
dadurch die Kaufwahrscheinlichkeit gesteigert wird.

Anna hat sich dazu entschlossen, mit ihrer Freundin in den Urlaub zu fliegen,
und fügt diese als Gast zu ihrer Reservierung („B2C-Gruppe") hinzu. Sie äußert
weiterhin ihre Präferenzen für die Zimmergröße im Call Center (Service). Der
Service-Agent des Hotels fragt Anna nach ihrem vollen Namen und legt sie als
Kundin im CRM-System des Unternehmens an.

▶ **Wichtig**
Wie sieht es nun mit den Daten aus?
Nun wurden folgende Daten gesammelt und erfasst: CRM ID,
Vorname, Nachname.

Am Ende der Woche beschließt Anna, ins Reisebüro zu gehen. Die verbleibenden
Fragen konnten mit der Agentin geklärt werden und Anna trifft ihre Entscheidung: Sie bucht den Urlaub für sich selbst und ihre Freundin. Das Reisebüro
bittet Anna um ihren Namen und ihre E-Mail-Adresse, damit es ihr die Auftragsbestätigung, den Link für die Kontoregistrierung sowie den Link für die App
schicken kann.

▶ **Wichtig**
Welche Daten konnten an dieser Stelle ergänzt werden?
Die Order-Confirmation wurde ergänzt.

Wieder zu Hause findet Anna in ihrem E-Mail-Posteingang auf dem Laptop die
Auftragsbestätigung. Sie klickt auf den Link und gelangt auf die Homepage zur

Kontoanmeldung. Anna gibt ihre E-Mail-Adresse ein, entscheidet sich für ein Passwort und akzeptiert die AGBs. Bei der Bestellbestätigung findet sie ein paar Bilder des Hotels und klickt sich auf die Homepage weiter. Während sie die Homepage durchblättert, fallen ihr einige Werbeanzeigen auf. Besonders eine erregt ihre Aufmerksamkeit: das Spa-Angebot. Anna bucht ein Spa-Erlebnis im Hotel auf der Hotel-Website (Commerce).

▶ **Wichtig**
Wie sieht es jetzt mit den Daten aus?
Durch die Account Creation wurden Vor- und Nachname, E-Mail-Adresse sowie Kaufhistorie erfasst.

Nach der Spa-Behandlung bewertet Anna diese, nachdem sie dazu aufgefordert wurde (Umfragedaten werden dem Profil hinzugefügt). Leider war sie nicht zufrieden, da sie die Mitarbeiterin als unfreundlich empfunden hat. Sie drückt ihren Unmut klar in der Umfrage aus.

▶ **Wichtig**
Über welche Daten verfügt die Hotelgruppe nun zusätzlich?
Sie verfügt über Umfragedaten.

Als Wiedergutmachung erhält Anna einen Gutschein für ein kostenloses Getränk in einem Restaurant mit gesunder Küche. Möglich ist dieses personalisierte Geschenk, da Anna ein paar Tage zuvor online nach Restaurants mit gesunder Küche gesucht hat.

▶ **Wichtig**
Welche Auswirkungen hat das auf die Daten?
Die Backend-Daten können angereichert werden im Hinblick auf die Raumkapazität und das Yield-Management.

Wir sehen, dass selbst bei einem vergleichsweise einfachen Vorgang wie einer Buchung mit einer nachgelagerten Reise die Daten pro Use Case sowohl in die Breite als auch in die Tiefe gehen können. Analog zum Reifegrad der Analytics-Funktion ist es wichtig, einerseits zu jedem Zeitpunkt transparent zu sein und andererseits konkrete Maßnahmen abzuleiten – denn aus den Maßnahmen resultiert der Mehrwert für den Kunden im Sinne eines insgesamt verbesserten Kundenerlebnisses.

3.3   Arten von CDPs

CDPs lassen sich anhand mehrerer Dimensionen differenzieren. Die in Abschn. 3.1 bereits genannten Prozesse Ingest, Process und Expose können von jeder der im Folgenden beschriebenen CDPs umgesetzt werden. Unterschiede gibt es aber bei den Funktionalitäten Analytics und Personalization (Schritte Understand und Decide) sowie Orchestration (Schritt Automate). Insofern ist eine erste Unterscheidung im Hinblick auf die Funktionalität einer CDP möglich:

- **Daten-CDPs:** Daten-CDPs bilden die Basisfunktionalität ab, indem sie die Sammlung sowie die Zusammenführung von Daten und die Zurverfügungstellung dieser Daten an andere Marketing-Tools erlauben. Damit legen diese CDPs den Fokus auf den Schritt „Collect" im Datenzyklus.
- **Analytics-CDPs:** Analytics-CDPs verfügen über umfassende Analytics-Fähigkeiten. Darüber hinaus sind sowohl Kundensegmentierungen als auch prädiktive Modellierungen möglich. Konkret können diese CDPs also bspw. die wahrscheinliche Reaktion von Kunden auf Maßnahmen oder die Auswirkungen von Maßnahmen auf finanzielle Ergebnisgrößen vorhersagen. Damit wird deutlich, dass diese CDPs ihren Schwerpunkt im Bereich „Understand" haben.
- **Kampagnen-CDPs:** Kampagnen-CDPs verfügen über den Funktionsumfang der beiden zuvor genannten Varianten, erlauben aber zudem sowohl das Aufsetzen als auch das Ausspielen und die Evaluation von Marketingkampagnen. Diese CDPs decken also den gesamten Datenzyklus von Collect bis zu Execute ab.

Ebenfalls nach der Funktionalität differenziert die Unterscheidung in Core CDP, CDP Enhanced und CDP Stack (siehe auch Tab. 3.2). Core CDPs sind in der Lage, Daten aus unterschiedlichen Quellen aufzunehmen, historische Daten zu speichern sowie einheitliche Kundenprofile aufzubauen. Kundenprofile können geteilt und in Echtzeit aktualisiert werden. Der CDP-Typ Enhanced erlaubt eine Integration von mehr Datenquellen und Third-Party-Anwendungen. Die Daten werden in Echtzeit verarbeitet und zudem erhalten die End User ein Training. CDPs des Typus Stack verfügen über ausgeprägte Fähigkeiten in den Bereichen Analytics und Reporting und können Modelle aufbauen und bewerten. Eine zweite Differenzierung unterscheidet zwischen PurePlay-CDPs und Enterprise-CDPs. Erstgenannte Lösungen verfügen über eine offene Systemarchitektur und können damit auch in Unternehmen zum Einsatz gelangen, die Marketinglösungen von vielen unterschiedlichen Herstellern einsetzen. Enterprise-CDPs

Tab. 3.2 Varianten von CDPs

Merkmal	Varianten		
Funktionalität	Daten-CDPs	Analytics-CDPs	Kampagnen-CDPs
	Core CDP	CDP Enhanced	CDP Stack
Systemarchitektur	PurePlay-CDPs	Enterprise-CDPs	
Anwendungsbereich	Systems of Insights	Systems of Engagement	Enterprise:
Automatisierungsgrad	Unintelligente CDPs (Arbeit nach vordefinierten Regeln)	Mäßig intelligente CDPs (machen Vorschläge auf Basis von Analogien)	Intelligente IDPs (generieren eigenständig Erkenntnisse)
Branche	Branchenübergreifende CDPs	Branchen-CDPs	

können unternehmens- bzw. abteilungsübergreifend eingesetzt werden. Dabei gibt es Lösungen, die eine einfache Integration von Drittsystemen ermöglichen (z. B. SAP), aber auch solche, die nur mit Tools des gleichen Anbieters kombiniert werden können.

Eine dritte Möglichkeit der Differenzierung geht auf Kihn und O'Hara (2021) zurück. Die beiden Autoren unterscheiden zwischen:

- Systems of Insights: Diese CDPs dienen der Datengewinnung und der Segmentierung. Ferner können Abfragen gemacht werden (1P-Data-Management).
- Systems of Engagement: Diese Variante von CDPs setzt den Fokus auf die Aktivierung der Daten sowie die Orchestrierung und wird überwiegend im Marketing-Bereich eingesetzt.
- Enterprise: Diese Lösungen verbinden die beiden zuvor genannten Varianten, indem sie sowohl das Datenmanagement als auch die Aktivierung und die Orchestrierung vollumfänglich unterstützen. Zudem können Use Cases z. B. aus dem Bereich Marketing abgebildet werden, um die Personalisierung von Maßnahmen zu unterstützen.

Eine vierte Unterscheidungsmöglichkeit wurde bereits in Abschn. 3.1.3 vorgestellt, als im Hinblick auf den Automatisierungsgrad zwischen unintelligenten, mäßig intelligenten und intelligenten CDPs unterschieden wurde.

Eine letzte Möglichkeit zur Unterscheidung von CDPs ist in Zusammenhang mit der Branche zu sehen. So existieren CDPs, die auf spezifische Branchen wie bspw. Versicherungsunternehmen oder den Onlinehandel ausgerichtet sind, sowie branchenübergreifend ausgerichtete CDPs.

3.4 Use Case 3: CDP in einem Familienunternehmen für Tierbedarf

Gastbeitrag von Tatu Kuivalahti, Custobar

Situation vor Einführung der CDP

Der Use Case bezieht sich auf einen Anbieter für Tierbedarf. Im Fokus stehen dabei Pferde sowie Hunde und Katzen. Das Produktangebot umfasst Futter ebenso wie Pflege- und Zubehörbedarf sowie Ausrüstung für den Reiter. Für das Familienunternehmen stellt Google Ads den mit Abstand wichtigsten Marketingkanal dar, über den das Unternehmen auch den meisten Umsatz generiert. Die Folge dieser Vorgehensweise war allerdings, dass sich ein nicht mehr ausgewogenes Umsatzverhältnis zwischen Altkunden und Neukunden von 2:1 einstellte. Das Unternehmen musste also immer weiter neue Kunden werben, um nicht an Umsatz zu verlieren. Zudem war der durchschnittliche Wareneinkaufswert verbesserungswürdig und die zur Planung der Customer Journey genutzte Kohortenanalyse stieß ebenfalls an ihre Grenzen.

Insgesamt, das war der Geschäftsführung des Unternehmens klar, musste das Marketing neu gedacht werden, um nicht im Google-Ads-System „gefangen zu sein".

Überlegungen zur Einführung der CDP

Zielsetzung des Familienunternehmens war eine Verbesserung des Verhältnisses von Altkunden zu Neukunden in den Bereich von 3:1. Sehr schnell wurde deutlich, dass dies nur durch Kundenbindung erfolgen kann, was einerseits eine sehr genaue Kenntnis der Kunden und ein Eingehen auf die individuellen Kundenwünsche und Kundenbedürfnisse voraussetzte und andererseits finanzielle Ressourcen beanspruchte.

Die neue Strategie des Unternehmens umfasste die Einführung einer CDP, um einerseits die Kundenbindung zu erhöhen und andererseits den Wert des durchschnittlichen Warenkorbes zu erhöhen. Um dieses Vorgehen zu finanzieren, wurde die Aufwendungen für Suchmaschinenwerbung deutlich reduziert – was aufgrund der Bedeutung von Google Ads einen sehr mutigen Schritt darstellte. Immerhin riskierte man damit einen erheblichen Teil des Umsatzes. Doch das Unternehmen hat bereits in der Vergangenheit zukunftsweisende Entscheidungen getroffen, bspw.

die Einführung des ersten Webshops noch vor dem Jahr 2000 und damit früher als die meisten Wettbewerber.

Hauptkomponente der neuen Strategie sollte die CDP darstellen, für die folgende Aufgaben vorgesehen wurden:

- Zusammenführung aller Kundendaten von sämtlichen Touchpoints entlang der gesamten Kundenreise an einem zentralen Punkt,
- Unterstützung bei der Identifizierung der richtigen Zielgruppen sowie der kosteneffizientesten Marketingkanäle und
- Nutzung der gesammelten Kundendaten, um sowohl personalisierte E-Mail-Kampagnen auszuspielen als auch unterschiedliche Zielgruppen über Google Ads anzusprechen. Der letztgenannte Aspekt umfasste die Akquisition von Kunden über Lookalike-Audiences und die Adressierung von Amazon-Kunden. Dazu wurden die gesammelten Zielgruppendaten über eine API direkt an Google übermittelt.

Resultate und aktuelle Situation

Der mutige Schritt, das Google-Ads-Budget deutlich zu reduzieren, hat sich für das Unternehmen im wahrsten Sinne des Wortes ausgezahlt: Aktuell sinken die Aufwendungen für Google Ads weiterhin, sie liegen bei ungefähr einem Drittel des Ausgangswertes. Dahingegen steigen die Umsätze kontinuierlich an. Die Steigerung ist auf Umsätze bei Bestandskunden zurückzuführen, die Warenkörbe der Neukunden blieben konstant. Die Zielsetzung, ein Umsatzverhältnis von 3:1 zwischen Altkunden und Neukunden zu realisieren, wurde fast erreicht.

Kern für diese positive Entwicklung im Hinblick auf Umsatz und Kundenbindung stellt die CDP dar, die als Hub funktioniert. Die CDP hatte maßgeblichen Einfluss darauf, die Frage nach einer besseren Nutzung der Kundendaten zu beantworten: Die Kundendaten konnten über die CDP direkt an Google Ads gesendet und zum Aufbau von E-Mail-Kampagnen mit der Zielsetzung genutzt werden, die Kundenbindung zu erhöhen und verlorene Kunden zurückzugewinnen. Dadurch konnte nicht nur die Abwanderungsrate reduziert, sondern auch der Umsatz bei den Bestandskunden erhöht werden. Außerdem konnte die alte Marketingregel bewiesen werden, dass es deutlich profitabler ist, bestehende Kunden zu pflegen und sie auch immer wieder zurückzugewinnen, als neue Kunden zu akquirieren.

Literatur

Kihn, M., & O'Hara, C. (2021). *Customer data platforms: Use people data to transform the future of marketing engagement*. Wiley.

Schaaf, N. (2020). Neuronale Netze: Ein Blick in die Black Box. https://www.informatik-aktuell.de/betrieb/kuenstliche-intelligenz/neuronale-netze-ein-blick-in-die-black-box.html. Zugegriffen: 2. Nov. 2022.

Einsatzszenarien und Herausforderungen

4

Zusammenfassung

In diesem Kapitel wird beleuchtet, unter welchen Voraussetzungen sich die Anschaffung einer CDP für ein Unternehmen lohnt. Einige Use Cases aus den Bereichen Marketing, Commerce, Service, Sales und ein unternehmensweiter Use Case zeigen typische Einsatzszenarien. Das Kapitel schließt mit einer Betrachtung der Herausforderungen, die mit dem Einsatz von CDPs einhergehen können.

4.1 Wann lohnt sich eine CDP?

Für welches Unternehmen sich eine CDP eignet, kann nicht allgemeingültig beantwortet werden. Allerdings gibt es einige Merkmale von Unternehmen, die darauf hinweisen, dass die Implementierung und Verwendung einer CDP sinnvoll wäre.

- **Das Unternehmen unterhält viele Kanäle zu seinen Kunden:** Falls ein Unternehmen über viele Kanäle mit seinen Kunden kommuniziert und interagiert, dann existieren sehr viele unterschiedliche Touchpoints mit diesen Kunden. Dadurch fallen in der Regel sehr viele Daten an, die häufig in unterschiedlichen Systemen gespeichert werden. Noch komplizierter stellt sich der Sachverhalt dar, wenn sowohl Online- als auch Offline-Touchpoints bestehen. In einer solchen Situation kann eine CDP bei der Zusammenführung der Daten aus den unterschiedlichen Quellen unterstützen. Weiterhin unterstützt eine CDP bei der Orchestrierung der einzelnen Kanäle und hilft dabei, dem richtigen Kunden die richtige Nachricht zum richtigen Zeitpunkt auf dem richtigen Kanal zu senden.

• **Die Kundenreise beginnt anonym:** Eine CDP kann für Unternehmen einen Mehrwert bedeuten, sofern die Kundenreise anonym beginnt. Dies ist z. B. bei einem Beginn der Kundenreise über die Webseite der Fall. Der Nutzer besucht bspw. einen Onlineshop und hinterlässt ausschließlich ein Cookie, aber keine Informationen, die auf seine Identität schließen lassen. In einer solchen Situation muss der Nutzer dazu bewogen werden, erste Daten zu teilen (bspw. Registrierung „light" für einen Newsletter oder einen Gutschein). Eine CDP kann nun ein Unternehmen dabei unterstützen, die Fragmente der beginnenden Kundenreise zusammenzuführen und ein vollständigeres Profil des Kunden aufzubauen.

• **Das Unternehmen verfügt über eine Vielzahl an operationalen Daten, die auch dazu verwendet werden können, das Kundenerlebnis zu verbessern:** Heute gehen die meisten Unternehmen in einem einzigen Schritt von der Produktion eines Produktes zum datengesteuerten Marketing über. Sie nutzen ein grundlegendes Verständnis dafür, wie viele Einheiten vermarktet werden sollen, und stützen ihre Marketingmaßnahmen auf historische Verkaufsdaten und Marketing-KPIs. Durch die Nutzung der operationalen Daten können Unternehmen nicht nur auf allgemeine Informationen über Produkte zugreifen, sondern erhalten auch ein tiefes Verständnis über den tatsächlichen Bestand, über Gewinne und Margen, tatsächliche Zustellbarkeit von Produkten und darüber, wer der beste Käufer ist.

• **Das Unternehmen verfolgt eine Datenstrategie, bei der eine CDP unterstützen kann:** Dieser Punkt impliziert zwei Voraussetzungen. Zum einen muss das Unternehmen überhaupt über eine Datenstrategie verfügen. Der Einsatz einer CDP ist jedoch nur sinnvoll, wenn die CDP bei der Zielerreichung unterstützen kann. Zum anderen muss diese Datenstrategie aber auch bereits eine Umsetzung erfahren. Eine CDP kann nicht unterstützen, wenn die Datenstrategie nur in der Schublade liegt.

• **Das Unternehmen möchte seine unternehmensinterne Zusammenarbeit verbessern:** Die bereits genannten Beispiele sind primär extern, d. h. am Kunden ausgerichtet. Eine CDP kann aber auch dabei helfen, die Zusammenarbeit zwischen einzelnen Bereichen im Unternehmen zu verbessern und gleichzeitig den Mitarbeitern die Arbeit zu vereinfachen. Insbesondere kann eine CDP bei den Tätigkeiten von Marketing, Service und Vertrieb unterstützen. Dies führt dazu, dass der Marketingbereich weiß, was der Service in Bezug auf einen Kunden aktuell tut, und umgekehrt. Letztendlich kann damit eine 360°-Sicht auf den Kunden über das Marketing hinaus realisiert werden.

4.2 Typische Use Cases und Einsatzszenarien

Die Use Cases wurden von SAP zur Verfügung gestellt
Das konkrete Einsatzszenario einer CDP hängt maßgeblich von den zu lösenden Problemen im Unternehmen ab und ist damit immer unternehmensindividuell zu betrachten. Diesem Aspekt werde ich mich in Kap. 5 detaillierter widmen.

Allerdings lässt sich über alle Unternehmen eine Reihe typischer Ziele und damit verbundener Einsatzszenarien identifizieren. Gemäß Informationen des CDP-Institutes beziehen sich die mit dem Einsatz einer CDP verbundenen Ziele in fast zwei Drittel der Fälle auf die Steigerung des Kundenwertes sowie die Rückgewinnung von Kunden. Auch die Gewinnung neuer Kunden ist ein wesentliches Ziel (vgl. CDP Institute, 2021, S. 4).

Weiterhin kommt das CDP Institute zu dem Ergebnis, dass die Zusammenführung von Daten den wichtigsten Use Case für CDPs darstellt. Dies lässt für das CDP Institute den Schluss zu, dass die meisten Nutzer von CDPs diese zum Aufbau einheitlicher Kundenprofile nutzen, die in der Folge von an die CDP angeschlossenen Anwendungen genutzt werden können. Weitere wichtige Use Cases sind die Umsetzung von Kundeninteraktionen in Echtzeit sowie die Umsetzung von Outbound-Kampagnen.

Abb. 4.1 zeigt die Verbindung von Use Cases und den mit einer CDP auszuführenden Aufgaben, um die Use Cases auch tatsächlich umsetzen zu können. Die erste Zeile zeigt den bereits angesprochenen Sachverhalt, dass die Zusammenführung von Daten den am häufigsten genutzten Use Case (31 % der Nutzer) darstellt. Allerdings ist die Zusammenführung von Daten gleichzeitig die Grundvoraussetzung dafür, Use Cases eines höheren Reifegrades (z. B. Outbound Campaigns …) umzusetzen zu können. Weitere wichtige Aufgaben, die die Voraussetzung für die Umsetzung von Use Cases darstellen, sind Analytics sowie der Aufbau prädikativer Modelle.

Im Folgenden stelle ich euch unterschiedliche Use Cases für die CDP dar. Wie an den Überschriften der folgenden Abschnitte zu erkennen ist, beziehen sich zwar einige Use Cases auf den Marketing-Bereich, sehr viele andere Use Cases sind aber in den Bereichen Commerce, Service und Sales angesiedelt. Übergreifend über alle Use Cases ist es mir wichtig festzuhalten, dass bei jedem Use Case die Verbesserung der Personalisierung über jeden Touchpoint des Kunden zum Unternehmen im Mittelpunkt der Betrachtung stehen sollte. Um dies erreichen zu können, müssen Daten aus allen vorhandenen internen und externen Quellen zusammengebracht werden.

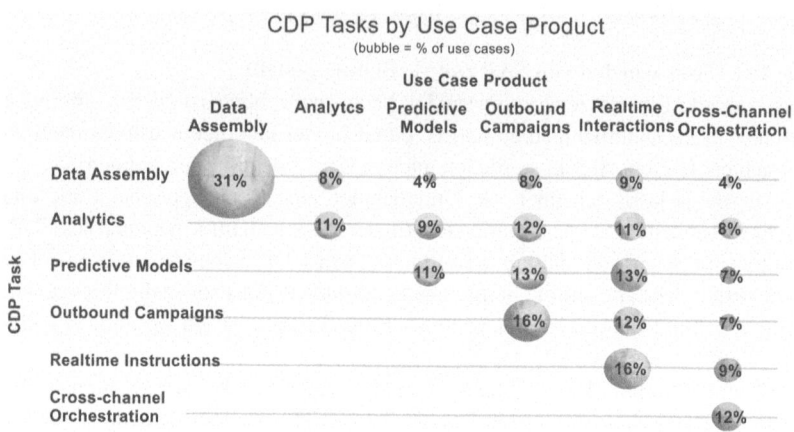

Abb. 4.1 CDP Use Cases. (Quelle: CDP Institute, 2021, S. 6)

4.2.1 Use Cases Marketing

Was können wir durch den Einsatz einer CDP im Marketing erreichen? Letztendlich sollen im Marketing die Herausforderungen einer cookielosen Zukunft angegangen und erfolgreich bewältigt sowie der Umsatz durch eine Single Source of Truth gesteigert werden. Konkrete Use Cases im Bereich Marketing können demzufolge sein:

- **Kundenstamm durch optimierte Kundenansprache erweitern:** Durch den Einsatz einer CDP können Kunden zum richtigen Zeitpunkt über den individuell präferierten Kanal mit der richtigen Nachricht unter Berücksichtigung des vorliegenden Consents und der jeweiligen Präferenzen angesprochen werden. Dadurch kann das Unternehmen im besten Fall seinen Kundenstamm erweitern.
- **Kanalübergreifende Personalisierung:** Indem die Daten aus dem gesamten Unternehmen genutzt und zusammengeführt werden (z. B. Vertriebs-, Service, Handels- und ERP-Daten), kann eine kanalübergreifende Personalisierung erreicht werden.
- **Bessere Journeys erstellen:** Ein weiterer Use Case ist die effektivere Gestaltung von Use Cases, indem bspw. Echtzeit-Flows, Permission Triggers und ERP-Daten zusammengeführt und genutzt werden.

- **Modelle zur Verbesserung der Segmentierung:** Durch den Einsatz von sofort einsatzbereiten, modellierten Attributen wie bspw. dem Lifetime Value (LTV) und genaueren Daten zur Propensity sowie zu Churn Predictors kann die Segmentierung der Kunden deutlich verbessert werden,
- **In Echtzeit auf Veränderungen reagieren:** Wenn ein Kunde bspw. eine negative Umfrageantwort zu seinem Einkaufserlebnis abgibt, kann er so lange von Marketingmaßnahmen ausgeschlossen werden, bis das Problem behoben werden konnte.

Zur Erfolgsmessung im Bereich Marketing können folgende KPIs genutzt werden:

- **Steigerung der First-Party-Daten:** vergrößerte Reichweite, Steigerung Loyalty, mehr Insights
- **Bessere Segmentierung:** besseres Targeting, 360°-Kundensicht, Kundenbindung steigern
- **Höherer Customer LTV:** verbesserte Conversion, gesteigerte Effizienz, schnellere Abschlüsse
- **Verbessertes Journey-Management:** höhere Conversion-Rate, höherer LTV
- **Verbesserte User bzw. Customer Experience:** Mehr Cross-Selling, mehr Up-Selling, Steigerung der Kundenloyalität

4.2.2 Use Cases Commerce

Auch die Use Cases im Bereich Commerce sind daraufhin ausgerichtet, die Personalisierung zu verbessern sowie eine nahtlose Verknüpfung von Commerce und CX herzustellen. Konkrete Use Cases können bspw. sein:

- **Verkaufen auf Basis des Consents:** Zustimmungs- und Präferenzsignale nutzen, um sicherzustellen, dass Kunden auf den bevorzugten Kanälen sowie auf die von ihnen gewünschte Weise kontaktiert werden.
- **Optimierung des Outbound-Marketings:** Durch den Einsatz einer CDP können Commerce-Kampagnen für Kunden mit ungelösten Service-Tickets auf bestimmte Zeit unterdrückt und Kampagnen basierend auf der Produktverfügbarkeit optimiert werden.
- **Verstehen des wahren Kundenwertes:** Über eine CDP kann der tatsächliche Customer-LTV auf der Grundlage von Rückgabedaten, Verkaufskosten und Margen kalkuliert werden. Ein Kunde, der zwei Paar Schuhe bestellt und diese

auch behält, bekommt dieser Berechnung zufolge einen höheren LTV als ein
Kunde, der zehn Paar Schuhe bestellt, aber alle wieder zurückschickt.

- **Freischaltung von Lieferkettendaten:** Supply-Chain-Daten mit dem
  Commerce-Erlebnis in Echtzeit verknüpfen.

Folgende KPIs können im Bereich Commerce genutzt werden:

- **Weniger Warenkorbabbrecher:** Conversion Rate verbessern, Umsatz stei-
  gern, Kundenzufriedenheit
- **Kunden nutzen mehr Kanäle (bspw. Kundenansprache „offline only"):** mehr
  Umsatz, NPS gesteigert, LTV gesteigert
- **Mehr Insights zu Transaktionen:** besseres Targeting, bessere Segmentierung,
  Kundenbindung steigern

4.2.3 Use Cases Service

Welche Ziele können Unternehmen im Service-Umfeld durch den Einsatz einer
CDP erreichen? Die Ziele beziehen sich im Kern auf eine Optimierung der
Service-Personalisierung auf Basis von Echtzeit-Kundeneinblicken aus allen CX-
Bereichen. Ein konkreter Use Case, der auch Daten aus Supply-Chain-Systemen
beinhaltet, könnte wie folgt aussehen: Die Online-Bestellung eines Kunden
verspätet sich. Die CDP nimmt die Bestellinformationen aus dem Supply-Chain-
System auf und aktiviert dann ein Ticket in der Service Cloud. Der Kunde erhält
zeitnah einen Anruf vom Kundendienst, der das persönliche Gespräch sucht und
sich für die Unannehmlichkeiten entschuldigt (A-Kunde) oder eine E-Mail mit
einer Information über die Verspätung (B-Kunde). Wenn der Kunde das nächste
Mal ein Geschäft betritt, weiß der Verkäufer bereits über die verzögerte Lieferung
Bescheid und kann dem Kunden mitteilen, dass er einen Rabatt von 10 % auf
seine Bestellung im Geschäft erhält, da seine letzte Bestellung zu spät kam. Bei
C-Kunden, die so oder so nur reklamieren und keinen positiven CLV aufweisen,
erfolgt keine Aktion verbunden mit der Überlegung, dass der Kunde von sich aus
die Geschäftsbeziehung beendet.
Weitere Use Cases sind.

- **Kenne Deinen Kunden:** Vertriebs-, Service-, Marketing- und Kundenbin-
  dungsdaten können über eine CDP verknüpft werden, um eine 360°-Ansicht
  des Kunden zu erhalten. Dadurch wird gleichzeitig der Grad der Personalisierung gesteigert.

- **Optimierung von Up- und Cross-Selling:** Es können Benachrichtigungen über das nächstbeste Angebot bzw. die nächstbeste Aktion erstellt werden, um dadurch die Effektivität von Callcenter- und Außendienstinteraktionen zu erhöhen.
- **Time-to-Value erhöhen und Kundenzufriedenheit steigern:** Durch den zielorientierten Einsatz einer CDP können Anrufzeiten reduziert und mehr abgeschlossene Tickets mit höherem NPS erzielt werden.
- **Skalierung der Ergebnisse durch ML-Insights:** Nutzung von Daten wie Stimmungsanalyse, Umfrageergebnisse, Abwanderungsprognosen und Kundenwert, um das Serviceerleben für den Kunden zu steigern.

Eine Erfolgsmessung ist im Service-Bereich durch folgende KPIs möglich:

- **Handlungsorientierte Erkenntnisse:** NPS erhöhen, Anrufzeiten verkürzen
- **Kundenrückgewinnung optimieren:** weniger Service-Tickets, verbesserter NPS, gesteigerte Loyalty
- **Verbesserte Abwanderungsprognose:** Cross- und Upsell-Möglichkeiten, NPS erhöhen

4.2.4 Use Cases Sales

Die im Folgenden für den Bereich Sales vorgestellten Use Cases dienen im Kern dazu, ein einheitliches Kundenprofil aufzubauen und im gesamten Unternehmen zu nutzen, um die Interaktionen mit dem Kunden umsatzfördernder zu gestalten:

- **Aufbau einer Single Source of Truth im Unternehmen:** Durch eine CDP können Kundendaten aus vielen unterschiedlichen Identitäten zu einem einzigen, umfassenden Profil zusammengeführt werden. Dadurch können die Kundendaten über eine einzige, gemeinsame ID innerhalb des Unternehmens geteilt und die Akquise kann optimiert werden.
- **Aufbau einer 360°-Kundensicht:** Eine CDP unterstützt Unternehmen dabei, mehr Erkenntnisse zu potenziellen Kunden zu gewinnen, indem Schlüsselattribute aus Marketing, Commerce, Loyalty und berechneten Interaktionen in einem gemeinsamen, intelligenten Profil zusammengefasst werden.
- **Vorantreiben der Personalisierung im Unternehmen:** Eine CDP kann auch eingesetzt werden, um die Kaufbereitschaft zu steigern, indem personalisierte Aktionen über Marketingkanäle und andere Touchpoints ausgelöst werden.

- **Steigerung der Sales Renewals durch automatisierte Benachrichtigungen:**
  Die CDP erkennt automatisch das Ende eines Vertrages und würde auf dieser
  Basis dem Sales-Team vorschlagen, den Kunden zu kontaktieren.

Im Bereich Sales können insbesondere folgende KPIs zur Messung des erfolgreichen Einsatzes einer CDP genutzt werden:

- **Engagement Scoring verbessern:** Ausgaben verbessern, NPS steigern
- **Automatisierte Renewals:** Conversion steigern, LTV steigern
- **360°-Kundensicht:** einheitliche Kundendaten, bessere Erkenntnisse

4.2.5 Use Cases unternehmensweit

Das einheitliche Kundenprofil der CDP kann auch genutzt werden, um operationale Prozesse in Backend-Systemen kundenorientierter zu gestalten. Zur
Veranschaulichung gehe ich von einem einfachen Beispiel aus: Für viele Produkte
gibt es aktuell Lieferrückstände. Wie aber bestimmen Unternehmen, welcher
Kunde seine Bestellung erfüllt bekommt?

Die Stornierung oder Verzögerung einer Bestellung führt zu einem negativen
Kundenerlebnis und die überwiegende Mehrheit der Unternehmen verfügt derzeit
nicht über die notwendigen Echtzeit-Kundendaten, um intelligente Entscheidungen zu treffen.

Die CDP kann Echtzeitdaten aus allen relevanten Datenquellen (SAP, Nicht-
SAP, online oder offline) wie bspw. Informationen zu Abwanderungsrisiko
oder LTV liefern, um darauf basierend eine Gesamtpriorisierung des jeweiligen Kunden zu erstellen. Diese kann dann wiederum als Entscheidungsgrundlage
verwendet werden, um zu bestimmen, welcher Kunde wann die Produkte erhält.

Das Kundenerlebnis kann signifikant verbessert werden, wenn auch auf Daten
zugegriffen werden kann, die Aufschluss geben über:

- **Was kann ich verkaufen?** Tiefes Verständnis des tatsächlichen Bestands –
  nach einzelnen SKU, Farben, Größen, Preisen – aus dem Supply-Chain-
  Management.
- **Wie hoch ist mein Gewinn?** Verständnis der Rentabilität aus dem Verkauf
  jeder SKU auf dem Markt, basierend auf der Wirtschaftlichkeit der Einheit
  und historischen Daten über Margen.
- **Wer ist der beste Käufer?** Auf der Grundlage von Daten zum Retourenmanagement, Nachhaltigkeitswerten usw.

Weitere Use Cases können wie folgt aussehen:

- **Nutzung von IOT-Signalen von bereits verkauften Geräten:** In diesem Beispiel wurden mehrere Drucker (es könnten Hunderte oder sogar Tausende sein) bereits an den Endkunden verkauft. Wenn viele von diesen Druckern denselben Fehler-Code ausgeben, handelt es sich mit hoher Wahrscheinlichkeit um ein Problem mit der Qualitätskontrolle. Durch die Nutzung einer CDP können sowohl unternehmensinterne als auch -externe Reaktionen orchestriert werden. Intern kann bspw. eine Kommunikation (E-Mail, Push) and das QA-Team versendet werden, um auf das Qualitätsproblem aufmerksam zu machen. Zudem können automatisch Service-Tickets eröffnet werden, um Techniker zur Reparatur der Geräte zu entsenden. Die CDP kann außerdem dazu genutzt werden, um über die Service- oder Marketingkanäle die Kunden direkt über die nächsten Schritte zu informieren.
- **Automatisierte Kundenkommunikation bei Ausfällen:** In diesem Use Case kann es bspw. um einen Energieversorger gehen, bei dem es zu Ausfällen kam. Durch den Einsatz einer CDP kann das Unternehmen alle betroffenen Kunden proaktiv über alle verfügbaren Kanäle benachrichtigen und die Rechnungen automatisch um den entsprechenden Betrag reduzieren.
- **Nutzung von Informationen über Produktläufe:** In einigen Branchen, insbesondere in der Prozessindustrie, haben Unternehmen die Möglichkeit, Produktionsläufe für vertriebliche Maßnahmen zu nutzen. Das Wissen, wann ein neues Produkt verfügbar sein wird, kann genutzt werden, um B2B-Kunden zu informieren. Eine CDP kann so Marketingkampagnen aktivieren und Kundenbetreuer benachrichtigen, um so die neuen Produkte zu verkaufen.

4.3 Herausforderungen bei der CDP-Nutzung

Bei der Implementierung bzw. Nutzung einer CDP können unterschiedliche Herausforderungen auftreten. Eine erste dieser Herausforderungen ist, dass das Unternehmen einfach noch nicht bereit ist. Konkret würde dies bedeuten, dass ein Unternehmen mit einem zu geringen Reifegrad versucht, eine CDP zu implementieren. Der zu geringe Reifegrad kann sich dabei sowohl auf die im Unternehmen vorhandene Denkweise als auch auf die notwendigen Fähigkeiten und nicht zuletzt auch auf die vorhandenen Ressourcen beziehen. Bezüglich der Denkweise kann der Fall auftreten, dass man im Unternehmen noch nicht gewohnt ist, datenbasierte Entscheidungen zu treffen, da bspw. diesen Entscheidungen zu wenig vertraut wird. Ein zu niedriger Reifegrad kann sich aber auch auf die Fähigkeiten beziehen, also dass bspw. eine CDP implementiert wurde, bei der das Unternehmen zwar grundsätzlich neue Quellen anschließen kann, hierfür aber technisches Personal benötigt und dieses im Unternehmen einfach nicht oder in einer zu geringen Zahl vorhanden ist.

Ein anderes Beispiel wäre, dass das Unternehmen noch nicht den Schritt mit seinen Daten in die Cloud vollzogen hat, was aber eine der Grundvoraussetzungen für eine CDP darstellt. Ist dieser Wechsel noch nicht vollzogen, kann nicht schnell genug innerhalb der Kundenreise (z. B. bei einem inzwischen sehr schnell ablaufenden Kaufprozess) reagiert werden.

Schließlich kann der zu niedrige Reifegrad auch in Zusammenhang mit den vorhandenen Ressourcen gesehen werden, also dass z. B. der Gesamtaufwand für die Implementierung unterschätzt wird.

Ein zweiter Aspekt bezieht sich auf den Umstand, dass zu wenige Daten für die zielführende Arbeit mit einer CDP zur Verfügung stehen. Dies kann zwei unterschiedliche Ursachen haben: Entweder stehen die Daten nicht zur Verfügung, da bspw. Probleme mit der Integration von wichtigen Kanälen bzw. Touchpoints bestehen, oder aber die Daten stehen zwar zur Verfügung, dürfen aber aufgrund einer fehlenden Zustimmung der Kunden nicht verwendet werden.

Eine weitere Herausforderung ist in dem Umstand zu sehen, dass durch eine CDP grundsätzlich der Reifegrad des Unternehmens erhöht wird. Mit einem höheren Reifegrad ändern sich aber wiederum die Anforderungen an eine CDP. Beispiel hierfür könnte sein, dass eine spezifische CDP gewählt wurde, um im Unternehmen vorhandene Schwächen zu kompensieren. Inzwischen ist das Unternehmen aber besser geworden und hat auch entsprechendes Personal eingestellt, sodass das Unternehmen diese Schwäche behoben hat und durch den höheren Reifegrad andere Anforderungsschwerpunkte entstanden sind. In diesem Kontext kann der Fall auftreten, dass mit der aktuellen CDP nicht mehr weitergearbeitet werden kann. Insgesamt kann das heißen, dass ein Unternehmen durch den zunehmenden Reifegrad die CDP einmal oder vielleicht sogar mehrmals wechseln muss.

Zu berücksichtigen ist als letzter Aspekt, dass es die „beste" CDP für ein Unternehmen nicht geben kann. Diese Tatsache hat eine unternehmensbezogene und eine anbieterbezogene Dimension: So sind auf der einen Seite die Anforderungen eines Unternehmens sehr spezifisch und es ist eher unwahrscheinlich, dass es die genau passende 100 %-Lösung gibt. Auf der anderen Seite, so haben bereits die Ausführungen in Abschn. 1.2 gezeigt, existieren mittlerweile mehr als 160 Anbieter. Eine umfassende Analyse aller infrage kommenden Anbieter würde erhebliche Transaktionskosten für das Unternehmen bedeuten. Berücksichtigt man zudem den zuvor genannten Aspekt, dass die gewählte CDP aufgrund

Tab. 4.1 Schwierigkeiten bei der CDP-Nutzung

#	Bereich	Konkrete Schwierigkeit
1	Reifegrad des Unternehmens	Zu geringer Reifegrad im Hinblick auf Denkweise bzw. Mindset Zu geringer Reifegrad im Hinblick auf die im Unternehmen vorhandenen Fähigkeiten Zu geringer technischer Reifegrad des Unternehmens
2	Vorhandene Ressourcen	Zu geringe Ressourcen im Unternehmen vorhanden
3	Zu geringe Datenbasis	Probleme bei der Integration von Kanälen und Touchpoints Keine kundenseitige Zustimmung zur Verwendung der vorhandenen Kundendaten
4	Erhöhung des Reifegrades durch CDP	Andere Anforderungsschwerpunkte, die u. U. eine andere CDP erfordern
5	Auswahl einer CDP	Zu hoher Ressourceneinsatz zum Finden der „richtigen" CDP

eines zunehmenden eigenen Reifegrades mit einer gewissen Wahrscheinlichkeit nach einer Zeitspanne X sowieso gewechselt wird, so sollte für die Suche nach einer CDP nicht zu viel Zeit investiert werden: Wenn bei objektiver Betrachtung die „zweitbeste" CDP aus der Analyse herauskommt, dann ist das aus meiner Sicht ausreichend. Tab. 4.1 fasst die Aussagen aus diesem Abschnitt zusammen.

Literatur

CDP Institute. (2021). CDP use cases: What users want. https://www.cdpinstitute.org/wp-content/uploads/2021/12/CDPI-2324-Use-Case-Generator-Report.pdf. Zugegriffen: 13. Sept. 2022.

Von der Auswahl bis zum Betrieb einer CDP

5

Zusammenfassung

Dieses Kapitel beschreibt den ersten Teil des Lebenszyklus der Beziehung zwischen einer CDP und einem Unternehmen, beginnend bei der Entscheidung für den Einsatz einer CDP bis hin zu deren Betrieb. Im Rahmen dieses Kapitels werden wichtige Fragen erörtert, bspw. unter welchen Voraussetzungen es besser ist, eine CDP selbst zu programmieren, und welche Bedingungen vorliegen müssen, damit der Kauf einer CDP die bessere Wahl für ein Unternehmen darstellt.

5.1 Überblick

Abb. 5.1 zeigt den bereits angesprochenen Teil des Lebenszyklus. Die wesentlichen Schritte in diesem Zyklus werden jeweils in eigenen Abschnitten in diesem Kapitel betrachtet. Möchte ein Unternehmen eine CDP einsetzen, so sind gewisse Voraussetzungen notwendig bzw. vom Unternehmen zu schaffen. Diese beziehen sich sowohl auf den Reifegrad des Unternehmens als auch auf die Datenstrategie und die einsetzbaren Ressourcen (Abschn. 5.2).

Sind die entsprechenden Voraussetzungen erfüllt, stellt sich die Frage nach der sog. Make-or-Buy-Entscheidung. Bezogen auf den Einsatz einer CDP bedeutet dies, ob eine CDP von einem Anbieter eingekauft oder selbst entwickelt werden soll (Abschn. 5.5.3). Fällt die Entscheidung für den Kauf einer Lösung, so gilt es, unter der Vielzahl der vorhandenen Anbieter den passendsten auszuwählen (Abschn. 5.4). Nach der Entscheidung für einen Anbieter bzw. nach der Fertigstellung der Entwicklung kann die Lösung implementiert und dann in Betrieb

J. Rashedi und L. Mauer, *Customer-Data-Plattformen*,
https://doi.org/10.1007/978-3-658-40540-3_5

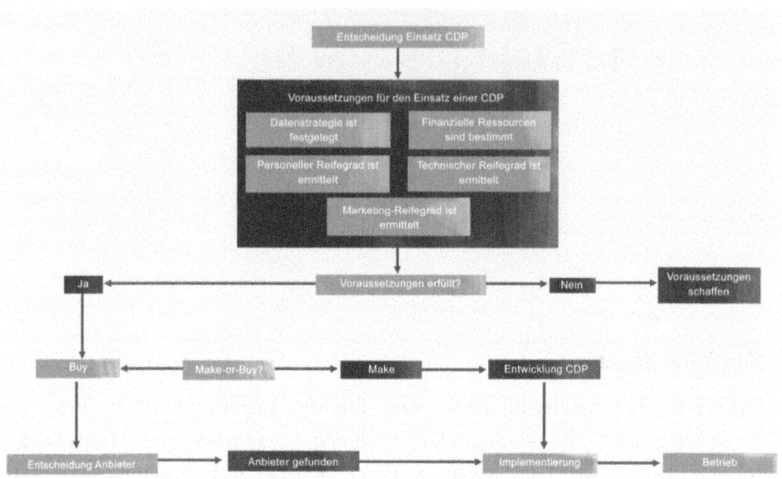

Abb. 5.1 Auswahl und Inbetriebnahme einer CDP

genommen werden (Abschn. 5.5 und 5.6). Die einzelnen Schritte werden in den folgenden Unterabschnitten detaillierter ausgeführt.

5.2   Voraussetzungen für den Einsatz einer CDP

Bevor eine CDP implementiert werden kann, ist eine Reihe von Herausforderungen zu erfüllen. Unternehmen sind gefordert, ihre Hausaufgaben zu machen, bevor eine Implementierung stattfinden kann. Weiterhin ist auch im Zuge der Implementierung eine Reihe von Aspekten zu beachten. In diesem Abschnitt werden deshalb erfolgskritische Maßnahmen sowohl bei der Einführung der CDP als auch bei deren Inbetriebnahme beschrieben.

Die erste erfolgskritische Maßnahme bezieht sich auf das Vorhandensein einer Datenstrategie sowie auf die Passung einer CDP zu dieser Strategie. Sofern keine Datenstrategie vorhanden ist, sollte diese schleunigst entwickelt werden. Anhand der Datenstrategie kann in der Folge überprüft werden, ob eine CDP benötigt wird oder nicht. Sollen bspw. Daten nur verkauft, aber nicht selbst genutzt und aktiviert werden, so kann auf die Einführung einer CDP verzichtet werden.

Eine weitere Voraussetzung stellt der marketingbezogene Reifegrad dar. Wie schon an anderer Stelle ausgeführt, resultiert ein Mehrwert für Unternehmen insbesondere dann, wenn diese über viele unterschiedliche Online- und Offlinekanäle und damit über viele unterschiedliche Touchpoints mit ihren Kunden kommunizieren und interagieren. Konkret bedeutet dies, dass ein Unternehmen mindestens die Stufe Multi-Channel oder Cross-Channel erreicht haben muss, bevor über den Einsatz einer CDP nachgedacht werden kann. Insofern muss ein Unternehmen zunächst den eigenen Reifegrad entlang der vier in Abschn. 1.4 angeführten Stufen (Single-Channel, Multi-Channel, Cross-Channel und Omni-Channel) erheben. Eine Hilfestellung zur Erhebung des eigenen Reifegrades findet sich in Tab. 5.1.

Auch hinsichtlich des technischen Reifegrades ist es notwendig, einige Voraussetzungen zu erfüllen. So ist es zum einen eine Voraussetzung, dass das Unternehmen seine Daten bereits in einer Cloud speichert. Weiterhin ist entsprechend der Datenstrategie zu überprüfen, in welchen Systemen die benötigten Daten vorhanden sind und wie auf diese zugegriffen werden kann. Schließlich ist auch eine Soll-Architektur zu definieren, in die die CDP zu integrieren ist. Hierbei

Tab. 5.1 Ermittlung des marketingbezogenen Reifegrads

Stufe	Charakteristische Merkmale
Single-Channel	Nur ein einziger oder ganz wenige Kanäle zur Kommunikation und Interaktion mit den Kunden Kunde ist auf diesen Kanal bzw. die wenigen Kanäle angewiesen und besitzt keine andere Möglichkeit zur Kommunikation mit dem Unternehmen
Multi-Channel	Viele Kanäle zur Kommunikation und Interaktion mit den Kunden Die Kanäle sind nicht integriert, sondern stehen losgelöst nebeneinander Häufig werden die einzelnen Kanäle von jeweils eigenen Bereichen bedient. Die Kanäle stehen oftmals in direkter Konkurrenz zueinander Daten werden nicht zusammengeführt (z. B. keine Zusammenführung von Bestellhistorien über unterschiedliche Kanäle) Kunde kann nicht beliebig zwischen den Kanälen wechseln
Cross-Channel	Viele Kanäle zur Kommunikation und Interaktion mit den Kunden Vertriebswege sind integriert, jedoch nicht die Kommunikationswege Kundenansprache separat nach Kanal Kunde kann nicht beliebig zwischen den Kanälen wechseln
Omni-Channel	Vollständige Integration aller Kanäle Einheitliche Kommunikation mit dem Kunden über alle Kanäle hinweg Kunde kann Kanal frei wählen und auch während des Kaufprozesses beliebig zwischen den Kanälen hin- und herwechseln

gilt es, die entsprechenden Schnittstellen zur CDP zu definieren. Diese beziehen sich bspw. auf das Data Lake, in dem sowohl die First- als auch die Third-Party-Data gespeichert sind. An dieses Data Lake sind die bereits genannten Quellen anzuschließen. Weiterhin sind Schnittstellen zu den einzelnen Kanälen und/oder derjenigen Lösung notwendig, die die durch die CDP gewonnenen Erkenntnisse aktiviert und in Form von Maßnahmen an die Kanäle weitergeleitet.

Durch die Erhebung des personellen Reifegrades kann das Unternehmen feststellen, welches Know-how in Bezug auf CDP im Unternehmen vorhanden und wo genau dieses Wissen verortet ist. Basierend auf diesen Erkenntnissen kann in der Folge entschieden werden, welche Aufgaben das Unternehmen selbst lösen kann und für welche Aufgaben (externe) Expertise eingekauft werden muss. Leitfragen zur Erhebung des personellen Reifegrades können sein:

- Welche Personen haben bereits in anderen Organisationen mit CDPs gearbeitet?
- Welche Kenntnisse bzgl. der Implementierung und des Betriebes einer CDP sind insgesamt im Unternehmen vorhanden?
- Welche Personen bzw. welche Organisationseinheiten besitzen dieses Wissen?
- Welches weitere Wissen bzw. welche weitere Erfahrung im Hinblick auf CDPs ist im Unternehmen vorhanden?
- Welche Schritte im Rahmen einer Einführung kann das Unternehmen selbst übernehmen?
- Für welche Aufgaben ist zwingend zusätzliches Wissen bzw. Erfahrung zu gewinnen?
- Auf welchem Weg kann dieses Wissen bzw. diese Erfahrung unter Berücksichtigung der Parameter Zeit und Geld gewonnen werden?

Wichtige Voraussetzung für den Einsatz einer CDP ist das Vorhandensein einer Datenstrategie. Eine CDP stellt letztendlich nur ein Tool dar, über das gewisse Aufgaben erledigt werden können. Wie die Ausführungen in den letzten Kapiteln haben deutlich werden lassen, existieren aber unterschiedliche Arten von CDPs mit unterschiedlichen Schwerpunkten und Möglichkeiten. Das bedeutet also: Um überhaupt eine CDP auswählen zu können, bedarf es Vorgaben: Diese Vorgaben müssen Auskunft darüber geben, aus welchen Gründen eine CDP eingesetzt werden soll, welche Funktion sie genau übernehmen soll und welche konkreten Aufgaben durch die CDP wahrgenommen werden sollen. Diese Vorgaben sind Bestandteil der Datenstrategie. Über die Datenstrategie wird festgelegt, mit welcher Zielsetzung Daten im Unternehmen verwendet werden und wie der Umgang mit Daten geregelt ist. Gleichzeitig zeigt sie auf, welchen Beitrag die Daten

für den langfristigen Unternehmenserfolg besitzen und wie das Unternehmen
Daten einsetzen möchte, um Unternehmens- bzw. Datenziele zu erreichen. Unter
Umständen sind noch detaillierte Vorgaben in der Datenstrategie enthalten, bspw.
im Hinblick auf den Kundenzugang. Und diese Vorgaben bilden den Rahmen für
die Auswahl der CDP.

Zur Bestimmung der für die Implementierung einer CDP anfallenden Aufwände müssen folgende Positionen berücksichtigt werden:

- Beratung durch Externe, die bei der Auswahl einer CDP unterstützen und den
  Einführungsprozess begleiten (optional),
- Aufwand für den Anschluss der Quellen, wobei hier sowohl der Aufwand
  aufseiten der CDP als auch aufseiten des Quellsystems zu berücksichtigen ist,
- Aufwand für die Eigenerstellung oder das Mieten einer SaaS-Lösung inklusive
  der Integrationskosten für das Customizing,
- Aufwand für den Betrieb („laufende Kosten"),
- Aufwand für die Umsetzung von Use Cases und
- Aufwand (intern oder extern) für Legal.

Neben den aufgeführten, zahlungswirksamen Aufwänden kann weiterer, nicht-
zahlungswirksamer Aufwand auftreten. Beispielsweise wenn im Unternehmen
interne Workshops mit unterschiedlichen Bereichen durchgeführt werden, um
Abhängigkeiten, Bedürfnisse und Vorstellungen bzgl. der geplanten CDP zu identifizieren bzw. abzustimmen. Je nach Anzahl der involvierten Bereiche und der
Anzahl der Workshops kann dieser Prozess sehr viel Zeit in Anspruch nehmen
und damit Aufwand für das Unternehmen verursachen.

Welche Kosten mit einer CDP genau anfallen, ist sehr unterschiedlich, da dies
eben von den genannten Positionen abhängt und Anbieter von Lösungen sehr
unterschiedliche Preismodelle anbieten.

5.3   Make-or-Buy?

Die Entscheidung, ob eine Lösung von einem Anbieter gekauft oder vom eigenen
Unternehmen selbst hergestellt werden soll, beschäftigt Unternehmen vermutlich
seit dem ersten Softwareeinsatz. Erfahrungsgemäß bilden sich bei jeder Entscheidung zwei unterschiedliche Lager: Das eine Lager möchte unbedingt eine
fertige Lösung von einem Anbieter einkaufen und argumentiert damit, dass diese
Lösungen nicht nur schneller verfügbar sind, sondern auch über einen höheren Funktionsumfang verfügen. Das zweite Lager, oftmals von der IT-Abteilung

angeführt, verweist auf die Möglichkeit zur besseren Anpassung der Software an unternehmensspezifische Bedürfnisse und die geringeren Folgekosten.

Im Folgenden möchte ich eine Reihe von Rahmenbedingungen und Kriterien abarbeiten und dabei deren Einfluss auf die Make-or-Buy-Entscheidung verdeutlichen. An dieser Stelle aber auch ein deutlicher Hinweis, dass viele der Kriterien für unterschiedliche Arten von Softwarelösungen und nicht nur spezifisch für CDPs gelten.

Ein erstes relevantes Kriterium ist meines Erachtens die Frage, ob das Unternehmen bereits in der Vergangenheit eigene Softwarelösungen in dieser Größenordnung selbst erstellt hat und insofern über die notwendige Erfahrung verfügt. Wurden bereits eigene Softwarelösungen programmiert, so kann das Unternehmen auch den Ressourcenbedarf im Hinblick auf Personal, Geld und Zeit besser einschätzen. Auch das Risiko eines Fehlschlages oder eines zeitlich ausufernden Entwicklungsprojektes ist deutlich geringer, wenn das Unternehmen in der Vergangenheit bereits Erfahrungen bei der Selbsterstellung von Softwarelösungen sammeln konnte. Besitzt ein Unternehmen bisher keine Erfahrungen in der Programmierung eigener Lösungen, könnte die Erstellung einer CDP ein zu großes erstes Projekt sein: Die Ausführungen in den vorangegangenen Kapiteln dürften deutlich gemacht haben, dass es sich bei einer CDP um eine sehr komplizierte Lösung mit hohem Funktionsumfang und sehr vielen Schnittstellen handelt. Darüber hinaus ist zu berücksichtigen, dass eine Beurteilung der Möglichkeit zur Eigenentwicklung durch das eigene Team möglicherweise nicht objektiv ist, da das eigene Entwicklerteam verständlicherweise seine „Claims" verteidigen und lieber selbst die CDP entwickeln würde.

Ein zweites Kriterium ist der notwendige Zeitbedarf bis zur Einsatzfähigkeit der CDP: Da es sich bei der Eigenerstellung einer CDP um ein umfangreiches Softwareprojekt handelt, ist von langen Entwicklungszeiten auszugehen. Unternehmen sollten, in Abhängigkeit vom eigenen Reifegrad, mit einer Projektdauer von 12 bis 24 Monaten rechnen. Im Gegensatz dazu kann eine Kauflösung in Abhängigkeit vom Aufwand der Implementierung (z. B. Anzahl der anzuschließenden Quellen, Schulung von Nutzern …) bereits nach einem Zeitraum von vier Wochen bis drei Monaten zur Verfügung stehen. Hinzu kommt allerdings die Zeitspanne, die für eine Auswahl der entsprechenden Software sowie die Verhandlungen mit dem Anbieter notwendig ist.

Zweifelsohne einen großen Vorteil der Make-Option stellt die Möglichkeit zur vollständigen Ausrichtung und Anpassung der CDP auf die Bedürfnisse der externen und internen Kunden dar. Bei einer Selbsterstellung kann das Unternehmen entscheiden, welche Funktionen absolut notwendig sind und wie diese ausgestaltet sein sollen. Auch liegen die Weiterentwicklung der CDP sowie die Nutzung neu aufkommender Technologien vollständig in der eigenen Hand. Zu berücksichtigen sind m. E. hierbei drei Aspekte: Erstens ist zu hinterfragen, ob ein eigenes Entwickler-Team in der Lage ist, den Überblick über die komplexe Entwicklung zu behalten. Zweitens muss für eine Eigenentwicklung sichergestellt sein, dass ein Verlust kritischer Ressourcen (hier: Programmierer mit für die Entwicklung spezifischen Kenntnissen, die nicht redundant im Unternehmen vorhanden sind) nicht zu hohen Risiken führt, und drittens ist zu berücksichtigen, dass nicht nur die Entwicklung selbst, sondern auch das Bugfixing und der spätere Betrieb der CDP Kosten verursachen.

Allerdings darf im Hinblick auf die Passung einer CDP zu den Anforderungen des eigenen Unternehmens nicht vergessen werden, dass es aktuell für den europäischen Raum eine Vielzahl an Anbietern gibt, die über verschiedene Lösungen mit unterschiedlichen Schwerpunkten und Ausrichtungen auf unterschiedlichen Branchen aufwarten können. Dadurch ist meines Erachtens die Wahrscheinlichkeit sehr hoch, dass eine eingekaufte Lösung sehr gut den unternehmensspezifischen Besonderheiten Rechnung zu tragen in der Lage ist. Bei der Frage nach dem Grad der Individualisierung sollte ein Unternehmen für sich selbst die Antworten auf zwei Fragen finden:

- Wie viel Individualisierung benötigen wir bei der CDP tatsächlich?
- Wie spezifisch ist unser Unternehmen im Vergleich zu anderen Unternehmen der Branche wirklich?

Letztendlich komme ich damit zu dem Schluss: „Choose your CDP by your list of use-cases!" Das bedeutet, dass die Auswahl einer CDP anhand konkreter, im Unternehmen vorhandener Fragestellungen in Form von Use Cases erfolgen sollte. Damit lässt sich die Frage nach der Eignung einer Lösung daran festmachen, wie gut sie mit den Use Cases umgehen kann. Zu beachten ist weiterhin, dass sich Use Cases immer wieder ändern und die CDP angepasst werden muss. Alternativ kann man sich auch einen CDP-Anbieter suchen, bei dem man selbst die Use Cases mitbestimmen kann.

Erfahrungsgemäß zeigt sich die Besonderheit eines Unternehmens auch weniger in den spezifischen Funktionalitäten, die es durch die CDP abgebildet haben möchte. Relevanter sind hierbei eher die Fragen nach dem Selbstverständnis des Unternehmens und einem möglichen Wettbewerbsvorteil: Falls ein Unternehmen im eigenen Selbstverständnis Vorreiter bei der Einführung und Nutzung neuer Technologien sein möchte, so stellt eine Eigenentwicklung die bessere Wahl dar. Ebenso verhält es sich mit der Frage nach dem Wettbewerbsvorteil:

Sofern ein Unternehmen „Lösungen von der Stange" nutzt, kann kein Wettbewerbsvorteil gegenüber der Konkurrenz aufgebaut werden – dies ist aus meiner Sicht besser bei einer eigenen Lösung möglich. Allerdings darf nicht verschwiegen werden, dass eine Standard-Lösung auch angepasst werden kann, was eine kostengünstigere Lösung darstellt.

Aus den bisherigen Ausführungen lässt sich ein weiteres Kriterium ableiten, nämlich die Abhängigkeit von Dritten (hier: Anbieter der CDP-Lösung) bzw. die Unabhängigkeit des eigenen Handelns: Entscheidet sich ein Unternehmen für den Kauf einer Softwarelösung, so kann es in der Regel keinen Einfluss auf die Roadmap der Softwareentwicklung nehmen oder darauf hinwirken, dass spezifische Funktionalitäten (schnell) in die Software integriert werden. Bei der Eigenentwicklung trifft das Unternehmen unabhängig von Dritten diese Entscheidungen. Abhängigkeiten gibt es jedoch auch im Fall einer Eigenentwicklung, z. B. im Hinblick auf die Verfügbarkeit von entsprechendem Personal oder der Qualität des Projektmanagements. Allerdings sind diese Variablen zumindest teilweise steuerbar. Zudem ist eine Eigenentwicklung nicht zwangsläufig mit Standards von anderen Software-Lösungen kompatibel, was einen weiteren Anpassungsbedarf und -aufwand mit sich bringt.

Kriterien für die Eigenentwicklung einer CDP

1. Erfahrung bei der Eigenentwicklung von Software
2. CDP muss nicht sofort einsetzbar sein
3. Ausreichende Anzahl an Entwicklern, um sowohl die Entwicklung als auch die originären Aufgaben zu bewältigen
4. Wunsch nach Unabhängigkeit von Dritten
5. Software vorhandener Anbieter weist nicht die erforderlichen Funktionalitäten auf
6. Hoher Reifegrad des Unternehmens, d. h., Anforderungen an die CDP für die kommenden Jahre sind bekannt
7. Hoher Grad an Spezifität der CDP notwendig
8. CDP soll durch Anpassung an die spezifischen Bedürfnisse des Unternehmens einen Wettbewerbsvorteil erzeugen

Ein weiteres Kriterium für die Make-or-Buy-Entscheidung stellt der Reifegrad des Unternehmens dar. Festgehalten wurde in Abschn. 4.3, dass sich die Anforderungen an eine CDP mit zunehmendem Reifegrad des Unternehmens verändern können. Vermutlich ändern sich die Anforderungen nicht vollständig, aber zumindest in Teilen. Insofern muss sich ein Unternehmen die Frage stellen, ob die Entwicklung einer eigenen Lösung zielführend ist, wenn sich unter Umständen bereits nach einem Zeitraum von wenigen Monaten die Anforderungen so stark verändern, dass zumindest ein Teil der CDP obsolet wird und neue Anforderungen in die CDP aufgenommen werden müssen. Insofern ist also festzuhalten, dass Unternehmen mit einem höheren Reifegrad sich tendenziell für eine Eigenentwicklung und Unternehmen mit einem niedrigen Reifegrad und mit Anforderungen an eine CDP, die sich im Zeitablauf mit hoher Wahrscheinlichkeit ändern, für eine Kauflösung entscheiden sollten.

Ein sehr relevanter Aspekt sind auch die mit der Entscheidung einhergehenden Kosten. So fallen bei der Make-Entscheidung sowohl Kosten für die Entwicklung als auch für die kontinuierliche Weiterentwicklung und den Support an. Hinzu kommen Kosten für zusätzlich in die CDP aufzunehmende Funktionalitäten oder bspw. auch notwendige Anpassungen aufgrund einer Änderung gesetzlicher Rahmenbedingungen sowie Kosten für die Schulung der Mitarbeiter. Bei dieser Rechnung darf zudem nicht vernachlässigt werden, dass die eigenen Programmierer in dem für die Entwicklung beanspruchten Zeitraum auch andere Tätigkeiten ausüben könnten (Opportunitätskosten). In Abhängigkeit von der Personaldecke des Unternehmens und der Prioritätensetzung muss unter Umständen zusätzliches externes Personal herangezogen werden, was weitere Kosten verursacht.

Entscheidet sich ein Unternehmen für eine fertige Lösung eines Anbieters, so fallen für die Nutzung wesentlich geringere Kosten an: In diesem Fall sprechen wir von Lizenzkosten und in Abhängigkeit von der Vertragsgestaltung ggf. von zusätzlichen Kosten für Schulung, Wartung etc. Weiterentwicklungen der Software werden dahingegen vom Anbieter übernommen. Vergleicht man die beiden Lösungen, so können zudem nicht zahlungswirksame Positionen auftreten: So ist bspw. davon auszugehen, dass bei einer fertigen Kauflösung ein sehr hohes Maß an Usability gegeben ist. Diese wurde durch entsprechende Tests mit einer Vielzahl an Personen hergestellt. Die Usability bei einer Eigenentwicklung kann unter Umständen geringer sein, was bspw. zu einem höheren Zeitbedarf für die Verwendung der einzelnen Funktionen durch den Nutzer führen kann.

Kriterien für die Eigenentwicklung einer Standard-CDP

1. Keine Erfahrung bei der Eigenentwicklung von Software
2. CDP soll schnell einsetzbar sein

3. Geringe Anzahl an Entwicklern im Unternehmen
4. Eine oder mehrere Standardlösungen decken den eigenen Bedarf
5. Geringer Reifegrad des Unternehmens

Neben den Kosten ist in monetärer Hinsicht auch der Nutzen zu betrachten. Allerdings ist der monetäre Nutzen, insbesondere in Form von Umsatz, nicht immer leicht festzustellen. So stellt sich bspw. die Frage, welchen Anteil die CDP an der Anzahl der in einer Periode reaktivierten Bestandskunden besitzt. Ähnlich schwierig gestaltet sich die Situation, wenn durch den Einsatz einer CDP bspw. Customers at Risk identifiziert und in der Folge deren Abwanderung verhindert werden konnte. Wie soll der Anteil der CDP monetär erfasst werden?

Abb. 5.2 zeigt eine Entscheidungsmatrix für die Wahl zwischen Make und Buy einer CDP, bei der die Kriterien auf die beiden Dimensionen strategische Bedeutung und verfügbare Ressourcen bzw. Know-how verdichtet worden sind: Bei einer hohen strategischen Bedeutung einer CDP hängt die Entscheidung Make oder Buy letztendlich von den zur Verfügung stehenden Ressourcen und dem vorhandenen Know-how ab. Falls Ressourcen und Know-how vorhanden sind, kann das Unternehmen die CDP selbst erstellen, ansonsten ist es besser, diese einzukaufen. Bei einer mäßigen strategischen Bedeutung und geringem Know-how bzw. Ressourcen sollte von einer Umsetzung abgesehen werden. Sind Ressourcen und Know-how vorhanden, so kann darüber nachgedacht werden, eine CDP auch bei nur mäßiger strategischer Bedeutung selbst umzusetzen („Eh-da-Kosten" der Programmierer), da immerhin positive Auswirkungen auf das operative Geschäft zu erwarten sind.

5.4   Auswahl eines Anbieters

Die Auswahl einer CDP hängt m. E. von zwei großen Blöcken ab. Ich muss mir als Unternehmen zum einen darüber klar werden, wie ich aufgestellt bin, wie sich die aktuelle Situation darstellt, welchen Reifegrad ich habe und wo meine Schwachpunkte liegen. Basierend auf diesen Erkenntnissen kann erstens abgeleitet werden, ob ich überhaupt eine CDP brauche oder ob ich darauf verzichten kann. Falls die Analyse ergibt, dass ich bzw. mein Unternehmen zweckmäßigerweise eine CDP verwenden sollte, so muss sich aus dem festgestellten Reifegrad

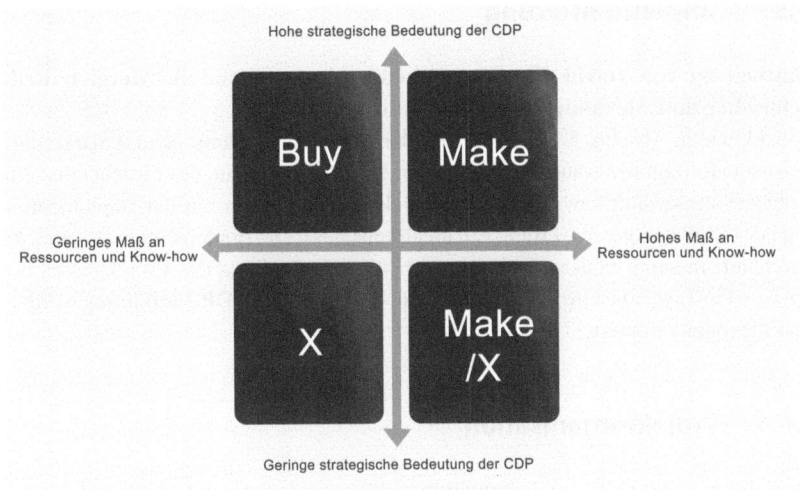

Schaubild Make-or-Buy

Abb. 5.2 Make-or-Buy-Entscheidung

auch ableiten lassen, welcher Typ CDP gewählt werden sollte (Analytics, Personalization, Orchestration). Dieser Sachverhalt wurde bereits in Abschn. 5.2 thematisiert.

Der zweite Block ist in Zusammenhang mit spezifischen Anforderungen des eigenen Unternehmens an den Anbieter der CDP, die Software selbst und die Rahmenbedingungen zu sehen: Wünsche ich eine Vor-Ort-Unterstützung nach der Implementierung und bietet der Hersteller eine solche an? In welche Richtung wird die Software weiterentwickelt? Oder auch: Ist die Software für meinen spezifischen Anwendungsfall ausreichend performant? Ist die Software offen für die heterogene Systemlandschaft oder sind Integrationen nur mit viel Aufwand möglich?

Da es eine Vielzahl an Auswahlkriterien gibt, sind diese in Form eines RfPs (Request for Proposal) in Kap. 6 des Buches übersichtlich dargestellt.

Weiterhin ist über den folgenden Link eine regelmäßig aktualisierte Marktübersicht für CDPs verfügbar: https://cdp.jonas-rashedi.de/.

5.5   Implementierung

Gastbeitrag von David Deronja, Benedikt Jostes, Dominik Mergler, Erik Schleicher und Alexander Siebel, valantic

Sobald, wie in Abschn. 5.2 beschrieben, der personelle, technische und marketingbezogene Reifegrad als ausreichend bewertet, eine Datenstrategie erarbeitet und ein Anbieter ausgewählt bzw. die CDP entwickelt wurde, kann mit der Implementierung der CDP begonnen werden. Ein idealtypisches CDP-Implementierungsprojekt durchläuft mehrere Phasen, angefangen bei der Aufstellung des Projektteams bis hin zum Go-Live. Die einzelnen Schritte zur erfolgreichen CDP-Einführung werden im Folgenden erläutert.

5.5.1   Projektorganisation

Im Rahmen einer CDP-Implementierung ist eine passende und effektive Projektorganisation ein elementarer Bestandteil. Diese beinhaltet interne Mitarbeiter und ggf. externe Dienstleister sowie einen geeigneten Projekt-Modus. Zum Aufbau der Projektorganisation gilt es, das umsetzende Kern-Team sowie einen erweiterten Teilnehmerkreis zu definieren, der bei spezifischen Fragen hinzugezogen werden kann. Folgende Rollen sollten hierbei abgedeckt sein:

- **Fachliche Anforderer:** Wie in Abschn. 4.3 beschrieben, sollten die Implementierung und der anschließende Betrieb einer CDP auf der Auswahl und Priorisierung der Use Cases basieren. Da diese aus unterschiedlichen Fachabteilungen (Marketing, E-Commerce, Service, Vertrieb etc.) stammen können, sollten Mitarbeiter aus diesen Abteilungen bei der Implementierung involviert sein. Der Grund hierfür ist leicht nachvollziehbar: Durch die jahrelange Erfahrung im Umgang mit den Kunden können die Fachabteilungen die Geschäftsanforderungen so definieren, dass sie der Customer Experience und damit der Qualität der Use Cases zuträglich sind. Diese Anforderungen sollten dementsprechend zusammen mit Akzeptanzkriterien zu Beginn des Projektes festgelegt werden. Akzeptanzkriterien verdeutlichen, wann eine Anforderung aus Sicht der Anforderer zufriedenstellend umgesetzt worden ist. Während der Umsetzung ist es außerdem wichtig, dass bei jedem Use Case ein oder mehrere feste Ansprechpartner, sog. Use-Case-Owner, für Rückfragen und Entscheidungen zur Verfügung stehen. Es ist nicht notwendig, dass diese Personen jahrelange Erfahrung im Umgang mit CDPs besitzen, jedoch sollte ein grundsätzliches Verständnis von den Fähigkeiten einer CDP vorhanden sein.

- **Projektmanager:** Wie bei jedem anderen (IT-)Projekt auch, ist die Rolle des Projektmanagers bei der Implementierung einer CDP essenziell. Sie bildet die Schnittstelle zwischen den fachlichen Anforderungen einerseits und der technischen Umsetzung andererseits. Zu den wichtigsten Aufgaben des Projektmanagers gehört die Beachtung sowie die zweckmäßige Ausbalancierung des Spannungsfeldes zwischen „Zeit", „Budget" und „Lieferqualität". Neben der Organisation und Moderation von (Regel-)Terminen sowie dem Aufstellen eines Projektplans ist der Projektmanager auch dafür verantwortlich, den Fortschritt der Implementierung regelmäßig an die Anspruchsgruppen und den Lenkungsausschuss zu berichten. Es ist von Vorteil, wenn der Projektmanager zumindest ein Basis-Verständnis der ausgewählten CDP besitzt, um fachliche Anforderungen genauer beurteilen und in konkrete Umsetzungsaufgaben überführen zu können.

- **IT-Architekt:** Um eine nachhaltige, performante und sichere Einbettung der CDP in die bestehende IT-Systemlandschaft zu garantieren, sollte ein erfahrener IT-Architekt Teil des Projektteams sein. Da der Erfolg der Use Cases stark von den zugeführten Daten abhängt, muss vom Architekten sichergestellt werden, dass alle benötigten Daten(quellen) integriert werden. Im Idealfall besitzt der Architekt sehr gute Kenntnisse bezüglich der Datenerfassungsmethoden (SDKs, API-Endpunkte, Import-Mechanismen, Standard-Integrationen) der ausgewählten CDP und kann die Anforderungen der Fachabteilungen im Detail verstehen und hinsichtlich ihrer technischen Machbarkeit bewerten.

- **Daten-Analyst:** Um während der Implementierung – und auch anschließend im Betrieb – datengetriebene Entscheidungen treffen zu können, werden tiefe Einblicke in bereits vorhandene Daten benötigt. Hierzu wird der Daten-Analyst benötigt. Er sollte bei bestimmten Fragestellungen (z. B. Wie viele User haben in den letzten 30 Tagen ein Produkt aus der Kategorie XY gekauft?) genaue Antworten liefern können. Dies kann bereits zu Beginn des Projektes, z. B. bei der Aufstellung und Priorisierung von Use Cases, sehr hilfreich sein, um bereits bestehende Datenmodelle richtig in die CDP zu überführen.

- **Daten-/System-Owner:** Aufgrund der umfangreichen Zulieferung von bereits vorhandenen Daten und Systemen in die CDP müssen Ansprechpartner für diese Daten/Systeme im Unternehmen identifiziert und ihr Einverständnis zur Integration mit der CDP muss eingeholt werden. Wenn bspw. E-Commerce-Transaktionsdaten in die CDP integriert werden sollen, ist eine Involvierung des E-Commerce-Tool-Owners unabdingbar. Dieser muss sich dazu bereiterklären, entsprechende Entwickler-Ressourcen bereitzustellen. Außerdem besitzt der Owner Detailwissen zur Datenstruktur und zum Inhalt des betreffenden Systems und kann somit Rückfragen beantworten. CDP-Wissen wird vom Daten- bzw. System-Owner in den seltensten Fällen notwendig sein.

- **Entwickler:** Wenn die zu integrierenden Daten und Systeme sowie entsprechende Ansprechpartner identifiziert und inhaltlich abgeholt sind, werden Entwicklungsressourcen notwendig. Dabei variieren die genauen Umsetzungspakete und -aufwände z. T. sehr stark. Bei reinen Datenmigrationen reicht es in den meisten Fällen aus, einen Export der benötigten Daten zur Verfügung zu stellen. Ist jedoch ein kontinuierlicher Datenfluss geplant, müssen Schnittstellen-Aufrufe/-Exporte/-SDKs implementiert werden. Hierbei ist es wichtig zu beachten, dass die Entwickler meist nicht dediziert für das CDP-Projekt zur Verfügung stehen, sondern auch andere Aufgaben bzw. ihre originären Aufgaben umsetzen müssen. Es ist also von Vorteil, wenn die Entwicklungsaufgaben genau spezifiziert und frühzeitig eingeplant werden. Fortgeschrittene CDP-Kenntnisse des Entwicklers sind nicht notwendig, jedoch sollte ein Verständnis für die Datenimportmechanismen (APIs, SKDs, Custom Importe) vorhanden sein.

- **CDP-Operator:** Eine der wichtigsten Rollen bekleiden die Personen, die für die Umsetzung der Basis-Konfiguration sowie die Erstellung des Datenmodells und der Use Cases innerhalb der CDP zuständig sind. Idealerweise sind das, sofern ohne Implementierungspartner gearbeitet wird, die gleichen Personen, die das Tool nach der Implementierung bedienen. Oft wird diese Rolle in zwei Ausprägungen unterteilt: Auf der einen Seite steht der Experte für das Datenmodell für die CDP (eher technisch), auf der anderen Seite der Marketing-/CRM-Manager, der hauptsächlich für den Aufbau der Segmente und automatisierten Strecken (Customer Journeys) zuständig ist (eher marketingbezogen). Beide Ausprägungen dieser Rolle weisen auf der Detailebene unterschiedliche Skills auf, jedoch sollten beide ein sehr tiefes Verständnis der zu implementierenden CDP und entsprechende Zertifizierungen haben.

- **Rechtsabteilung:** Da bei jeder CDP-Einführung mit Kundendaten gearbeitet wird, ist ein kontinuierlicher Abgleich der Aktivitäten mit den bestehenden Rechtsgrundlagen (vor allem DSGVO) notwendig. Dieser sollte von einem DSGVO-Experten der Rechtsabteilung durchgeführt werden. Aus Projektsicht ist es wichtig, möglichst transparent zu sein, was den Umgang in Bezug auf die Kundendaten angeht. Auch Themen wie bspw. Auskunftsanspruch und Löschkonzept sollten bei jedem CDP Projekt mitbedacht werden. Außerdem wird für jedes Tracking-Vorhaben bzw. für jede Nachricht eine entsprechende Einwilligung des Kunden benötigt (siehe folgender Exkurs). Außerdem kann es erforderlich sein, eine Datenschutz-Folgenabschätzung durchführen zu lassen.

- **Lenkungsausschuss (kurz LA):** Um projektkritische Entscheidungen zu treffen, sollte jedem Projekt ein Lenkungsausschuss (im Englischen auch „Steering Comittee") vorstehen. Idealerweise befinden sich in diesem Gremium Vertreter aus allen projektbezogenen Fachbereichen, womit die Interessen aller Projektteilnehmer vertreten sind. Da die Mitglieder des LA meist nicht in die Detailprozesse des Projektes involviert sind, sollten wichtige Entscheidungen durch Entscheidungsvorlagen erleichtert werden. Die letztendliche Entscheidungsmacht liegt dann beim Projektsponsor bzw. dem Auftraggeber des Projektes.

Exkurs: Legal, Consents & CMP

Sofern die Einführung der CDP im EU-Raum stattfindet, ist es unbedingt notwendig, eine DSGVO-konforme Umsetzung der Use Cases zu garantieren. Hierbei gilt es, gegenüber dem Endkunden bezüglich der Vorhaben mit seinen Daten transparent zu sein sowie entsprechende Einwilligungen einzuholen. In einigen Fällen reicht jedoch auch ein berechtigtes Interesse aus. Die Einwilligungen, auf Englisch auch Consents genannt, lassen sich hierbei in zwei Grobkategorien unterteilen:

1. **Tracking-Consent:** Die meisten CDPs und Use Cases basieren maßgeblich auf Kundendaten, insbesondere Verhaltensdaten (siehe Abschn. 5.5.3). Um diese Daten erfassen sowie persistieren zu dürfen, muss der Kunde beim initialen Webseiten-Besuch nach seinem Einverständnis gefragt werden. Dies geschieht in den meisten Fällen über ein Cookie-Banner, welches bereits bei anderen Tracking-Technologien (wie bspw. Google Analytics) im Einsatz sein sollte. Die CDP ist also ein weiterer Daten-Service-Prozessor (DSP) und muss, sofern mit Kategorien gearbeitet wird, in eine der entsprechenden Kategorien (Analytics/Marketing) eingestuft und in die Datenschutzerklärung aufgenommen werden. Weiterhin sollte genau beschrieben werden, welche Cookies verwendet werden und was im Anschluss an die (Kunden-)Datenerfassung passiert. Hierbei kann eine Consent-Management-Plattform (CMP) von Vorteil sein, die vorgelagert zur CDP eingeführt werden sollte, sofern sie noch nicht im Unternehmen vorhanden ist. Hierdurch werden die Tracking-Consents bereits im Vorfeld sauber gesammelt.
2. **Engagement-Consent:** Neben dem Tracking-Consent stellen die Engagement-Consents einen wichtigen Baustein zur DSGVO-Konformität dar. Um den Kunden mit bestimmten Inhalten über bestimmte Kanäle bespielen zu dürfen, muss dieser zunächst um Erlaubnis gebeten werden. Das gilt jedoch nicht für transaktionale Kommunikation. Vorteile der Einwilligung sollten für den Kunden herausgestellt werden, indem bspw. Rabatte und Angebote mit der Erlaubnis zur Kommunikation verknüpft werden. Idealerweise hat der Kunde über ein Präferenz-Center die Möglichkeit, über Inhalte, Kanäle und Frequenz der Ausspielungen selbst zu entscheiden. Auch hier hilft eine CDP mit Schnittstellen und entsprechenden User-Interface-Elementen.

▶ **Hinweis:** In der Regel sind die Rollen fachlicher Anforderer, Projektmanager, Architekt und CDP-Operator Teil des Kernteams. Das kann sich aber je nach Geschäftsmodell, Implementierungsansatz und internem Rollenverständnis ändern. Am Ende liegt die Entscheidung über die Größe des Kernteams beim Projektmanager.

Oft ist die Einführung einer CDP mit einer straffen Timeline sowie einem hohen Qualitätsanspruch verbunden. Dies führt in Kombination mit internen Ressourcenengpässen sowie fehlender CDP-Erfahrung im Unternehmen häufig zu einem Konflikt. Aus diesem Grund arbeiten viele Unternehmen in der Implementierungsphase mit einem externen Dienstleister zusammen, der mit hochqualifizierten und zertifizierten Ressourcen sicherstellt, dass die Einführung einer CDP zügig stattfinden kann. Das ist vor allem dann sinnvoll, wenn eine CDP-Buy-Entscheidung getroffen wurde, da die meisten CDP-Anbieter ein eigenes Partner-Ökosystem pflegen und so passende Implementierungspartner empfehlen können. Andererseits kann ein Dienstleister, sofern dieser Technologie-agnostisch agiert, bereits bei der Auswahl der CDP unterstützen. Weiterhin ist zu berücksichtigen, dass nicht nur die C-Level-Kommunikation und entsprechendes Sponsoring von oben nach unten notwendig sein, um für die Notwendigkeit einer CDP zu sensibilisieren und die notwendige Akzeptanz herzustellen, sondern auch Kommunikationsarbeit von der Fachseite in die höchste Führungsebene erforderlich ist, um durch Use-Cases und entsprechende Übersetzungsarbeit aufzuzeigen dass der Aufwand, den die „Datennerds" in Zusammenhang mit der Entwicklung und Implementierung einer CDP betreiben, gerechtfertigt ist und von der Führungsebene verstanden wird.

5.5.2   Den richtigen Projektmodus festlegen

Sind das Kern- und erweiterte Team sowie deren Besetzungen durch interne und externe Ressourcen definiert, muss ein Projektmodus festgelegt werden. In der Vergangenheit hat sich eine agile Vorgehensweise für die Implementierung einer CDP als vorteilhaft herausgestellt. Dabei ist es empfehlenswert, sich bis zu einem gewissen Grad an Software-Implementierungsprojekten, die typischerweise dem SCRUM-Framework folgen, zu orientieren. Ein agiler Projektmodus hat, im Gegensatz zum klassischen Wasserfallmodell, den Vorteil, dass für eine gewisse Zeit (in sog. Sprints) fokussiert an bestimmten Bausteinen gearbeitet wird und Ergebnisse somit schnell sichtbar werden und getestet werden können. Diese modularen Bausteine sind in einem CDP-Projekt entweder die Use Cases selbst oder die entsprechenden Datenquellen, die im Laufe des Projektes integriert werden. Im Gegensatz zu reinen Softwareimplementierungsprojekten bestehen die Aufgabenpakete, die von dem Team abgearbeitet werden, nicht nur aus Frontend oder Backend-Implementierungen, sondern beinhalten auch die Konzeption und Konfigurationsaufgaben.

Zu Beginn des Projektes sollte das Kernteam alle Bezugsgruppen zu dem Projekt und den damit verbundenen Zielstellungen abholen. Es ist wichtig, ein gemeinsames Verständnis für die erwartete Wertschöpfung zu schaffen und hierbei auch den Input des gesamten Teams miteinzubeziehen. Sind die Erwartungshaltung sowie die fachlichen und technischen Anforderungen klar definiert und in Tickets überführt, kann mit der eigentlichen Umsetzung begonnen werden.

Auch wenn das Projekt in einem agilen Modus geliefert wird, sollte es in einem Projektplan vorgeplant werden. Das liegt vor allem an den hohen Abhängigkeiten von den Quellsystemen, aus denen die CDP gespeist wird. Die Daten- bzw. System-Owner benötigen möglichst früh eine realistische Einschätzung darüber, wann welcher Aufwand für die entsprechenden Entwickler erwartet wird. Zudem sind eine sinnvolle Umsetzung und das Testen der Use Cases in der CDP so lange blockiert, bis erste (Test-)Daten einfließen (siehe Abb. 5.3). Außerdem sollten sich bereits geplante Urlaube inklusive entsprechender Vertretungsregelungen in dem Projektplan wiederfinden.

Stimmen die durch die Projektplanung definierten Go-Live-Termine der Use Cases mit der Erwartungshaltung der Stakeholder überein, kann der Sprint-Modus eingeleitet werden. Jeder Sprint beginnt mit einem Planungstermin. Hier wird ein zerteilter Scope, bestehend aus Tickets, definiert, der in dem kommenden Sprint umgesetzt wird. Eine realistische Schätzung des maximal leistbaren Gesamtaufwandes sowie eine Aufteilung dieses Arbeitsaufwands auf die entsprechenden Ressourcen unter Beachtung der verfügbaren Fähigkeiten und Kapazitäten der Personen bilden die Grundlage für einen erfolgreichen Sprint. Des Weiteren

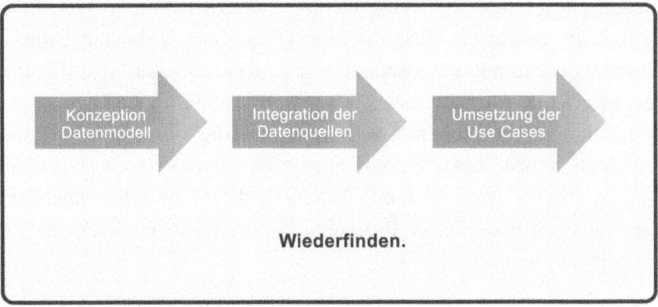

Abb. 5.3 Ablauf der Implementierung

sollte bei der Befüllung des Sprint-Backlogs auf Abhängigkeiten (sog. Blocker) zwischen einzelnen Tickets geachtet werden. Es bietet sich also an, nicht nur den kommenden Sprint, sondern auch Folge-Sprints im Blick zu haben und vorzuplanen.

Während eines Sprints ist eine regelmäßige und (vor allem aus Budgetsicht) effiziente Kommunikation und Abstimmung zwischen den Mitgliedern des Kernteams von Vorteil. Hierfür eignen sich zum einen Regeltermine wie Daily, Standups und Weeklies, aber auch Instant-Messenger-Dienste und Kollaborations-Tools wie z. B. Microsoft Teams, Zoom oder Slack. Da sich jedes CDP-Projekt hinsichtlich Anforderungen, teilnehmenden Personen und Unternehmensstruktur unterscheidet, gibt es nicht den einen perfekten Projektmodus. Vielmehr sollte das Vorgehen kontinuierlich hinterfragt und angepasst werden, um seinen eigenen Stil und Rhythmus zu finden.

Der erzielte Projektfortschritt sollte dem erweiterten Kreis in projekt- und organisationsabhängigen Abständen präsentiert werden. Hierfür eignen sich Review und retrospektive Meetings. Idealerweise werden die Ergebnisse des Sprints möglichst plakativ (z. B. in Form einer Demonstration im Tool) vorgeführt. Darüber hinaus sind regelmäßige Termine mit dem Lenkungsausschuss zu empfehlen, um dem Management und weiteren Anspruchsgruppen des Projektes über die Fortschritte, aber auch Herausforderungen im Projekt zu berichten.

5.5.3 Spezifikation

Als Spezifikation wird diejenige Phase des Projekts bezeichnet, in der der eigentliche Liefergegenstand des Projekts genauer spezifiziert wird. Konkret: die Identifizierung und Auswahl der richtigen Use Cases für den Start. Die Spezifikation wird ihrerseits unterteilt in die fachliche Spezifikation (Was soll umgesetzt werden?) und die technische Spezifikation (Was muss technisch getan werden, um den fachlichen Umfang umzusetzen?). Aus der fachlichen Spezifikation ergibt sich dabei der Rahmen für die technische Spezifikation. Allerdings ist zu beachten, dass nach der technischen Spezifikation häufig der fachliche Umfang in einem iterativen Schritt noch einmal angepasst werden muss. Ursächlich verantwortlich ist hierfür der Umstand, dass sich die technische Machbarkeit der Use Cases erst nach detaillierter Betrachtung durch Fachpersonal der einzelnen Bereiche im Detail beurteilen lässt.

Beispiel

Sind Daten, die initial als notwendig für die Use Cases eingestuft wurden, gar nicht vorhanden oder leiden unter einer schlechten Datenqualität, muss die Logik oder der Inhalt der Use Cases angepasst werden. ◄

Fachliche Spezifikation

Die Ausgangslage bei der fachlichen Spezifikation ist sehr stark projektabhängig. Teilweise sind in Vorbereitung auf das Projekt schon dutzende Wunsch-Use-Cases entweder CDP-spezifisch oder nicht-CDP-spezifisch von den verschiedenen Fachabteilungen und Geschäftseinheiten zusammengetragen worden. Diese gilt es anschließend zu bewerten, zu ergänzen und zu priorisieren. Teilweise kommt es aber auch vor, dass noch keine konkreten Use-Case-Ideen für die CDP vorliegen. Dies tritt häufig bei Top-down-Projekten auf. In diesem Fall müssen zunächst mögliche Use Cases definiert werden.

In beiden Fällen bietet es sich an, bei der fachlichen Spezifikation kunden-zentriert (=Customer-centric) vorzugehen. Hierzu kann ein Customer-Journey-Mapping zum Einsatz gelangen, bei dem überprüft wird, ob die bereits gesammelten CDP-Use-Cases alle erfolgskritischen Touchpoints in der Customer Journey abdecken. Neben dem Kunden werden dabei auch alle anderen relevanten Anspruchsgruppen betrachtet.

Werden nicht alle erfolgskritischen Touchpoints berücksichtigt, gilt es zu überlegen, wie diese durch die CDP unterstützt werden können und welche Geschäftspotenziale sich in der jeweiligen Journey-Phase durch die Einführung einer CDP erschließen lassen. Letzteres ist die Hauptaufgabe des Projektleiters, sofern die Use Cases technisch auf der grünen Wiese starten. Weiterhin sollten alle bereits bestehenden Use Cases entlang der Customer Journey, die im Rahmen des CDP-Projekts ggfs. migriert oder angepasst werden müssen, vermerkt werden. Ein typisches Beispiel hierfür ist etwa eine Willkommens-E-Mail nach Newsletter- oder Accountregistrierung. Die Migration von Use Cases ist häufig ein elementarer Bestandteil, aber auch Streitpunkt des Projektumfangs, da Migrations-Use-Cases in der Regel keinen signifikanten zusätzlichen Geschäftsmehrwert bieten, sieht man mal von einzusparenden Lizenzkosten für (Alt-)Tools, reduzierten IT-Abhängigkeiten und in der Tendenz eher geringen Optimierungseffekten z. B. durch stärkere Personalisierung der Kommunikation ab. Hier gilt es also klare Prioritäten zu setzen.

Resultat des Customer-Journey-Mappings und der damit verbundenen Use-Case-Ideation ist eine zunächst lose Sammlung möglicher CDP-Use-Cases. Alle Use Cases direkt zum Start umsetzen zu wollen, ist meiner Erfahrung nach wenig empfehlenswert, da hierdurch der Projektumfang und damit auch die Laufzeit und das Budget massiv in die Höhe getrieben werden. Stattdessen empfiehlt es sich, eine Priorisierung der Use Cases auf Grundlage der übergeordneten Ziele vorzunehmen und einen klaren Schnitt zu machen, welche Use Cases zum Start umgesetzt werden und welche erst in nachfolgenden Phasen umgesetzt werden sollen.

Vollständig unabhängig davon, welche Ziele mit der Einführung der CDP verfolgt werden, stehen in dieser Phase zwei grundlegende Fragestellungen im Vordergrund:

1. „Was ist der (Business) Impact?" und
2. „Wie aufwendig ist die Umsetzung?".

Anders ausgedrückt geht es um das Verhältnis der Kosten (Aufwand) zum Nutzen (Auswirkung), wobei in die Aufwandseinschätzung nicht nur die reinen Entwicklungs- und Konfigurationsaufwände einfließen sollten. Ebenso wichtig sind in diesem Kontext auch Aufwände für die interne Abstimmung, Schulungen usw., die ggf. in Vorbereitung des jeweiligen Use Cases erforderlich sind, z. B. mit der Rechtsabteilung, dem Service-Center-Personal, der Vertriebsabteilung oder externen Dienstleistern. Ähnliches gilt für die Nutzeneinschätzung: Berücksichtigt werden sollten neben der erwarteten Umsatzsteigerung auch weitere relevante Faktoren wie etwa Zeitersparnis für die Mitarbeiter, die Kundenzufriedenheit etc. Auch bei den Nutzenkomponenten sollte eine Priorisierung anhand der Übereinstimmung mit den übergeordneten Projektzielen vorgenommen werden.

Als Hilfsmittel für die Priorisierung kann eine Matrix entlang der beiden Dimensionen Ergebnis und Aufwand genutzt werden, auf der anschließend die Use Cases im Verhältnis zueinander verortet werden können. Die Einordnung bzw. Bewertung sollte gemeinsam mit dem Kernteam vorgenommen werden, zumindest sollten Repräsentanten aus allen betroffenen Abteilungen zugegen sein und gehört werden. Durch die breite Aufstellung bei der Verortung soll verhindert werden, dass z. B. Marketer Aussagen über Entwicklungsaufwände treffen oder Software-Entwickler die Auswirkung einer Social-Media-Kampagne beurteilen.

Bei der Beurteilung ist sowohl Selbstkritik als auch Zurückhaltung angesagt. Treten Unsicherheiten bei der Bewertung auf (z. B. Annahmen können nicht belegt werden), so sollten Aufwände höher und die Auswirkung niedriger eingeschätzt werden. Sofern möglich, sollten auch (Geschäfts-)Analysten und/oder Controller in diesen Schritt integriert werden.

Sind die vorgenannten Punkte beherzigt, dann ist dasjenige Feld der Matrix (Abb. 5.4), auf das man sich in Bezug auf die fachliche Spezifikation konzentrieren sollte, das Feld der „Quick Wins". Es enthält diejenigen Use Cases, die bei verhältnismäßig geringem Aufwand einen verhältnismäßig hohen Nutzen zu erzielen versprechen. Diese bilden in der Regel den Kernumfang. In Abhängigkeit davon, ob die dort verorteten Use Cases die primären Geschäftsziele abdecken, kann der Umfang anschließend noch mit Use Cases aus dem Bereich „Difficult Must Haves" und falls notwendig durch Use Cases aus den „Low-Hanging Fruits" ergänzt werden. Zu bedenken ist hierbei jedoch: Zwar sollen schnellstmöglich alle verorteten Use Cases umgesetzt werden, doch andererseits sind die Use Cases in den oberen Quadranten aufgrund ihrer Komplexität und ihres erwarteten hohen Aufwands ein ernstzunehmendes Risiko für die Timeline des Projekts sowie für die Umsetzung der Quick Wins. Zudem sollte berücksichtigt werden, dass diese Use Cases in der Regel mit zunehmendem Reifegrad der Organisation und der CDP perspektivisch einfacher umzusetzen sein werden. Es kann sich also durchaus auszahlen, diese Use Cases bewusst erst in späteren Phasen anzugehen bzw. die Bewertung der Use Cases nach dem Abschluss des initialen Setups noch einmal zu wiederholen.

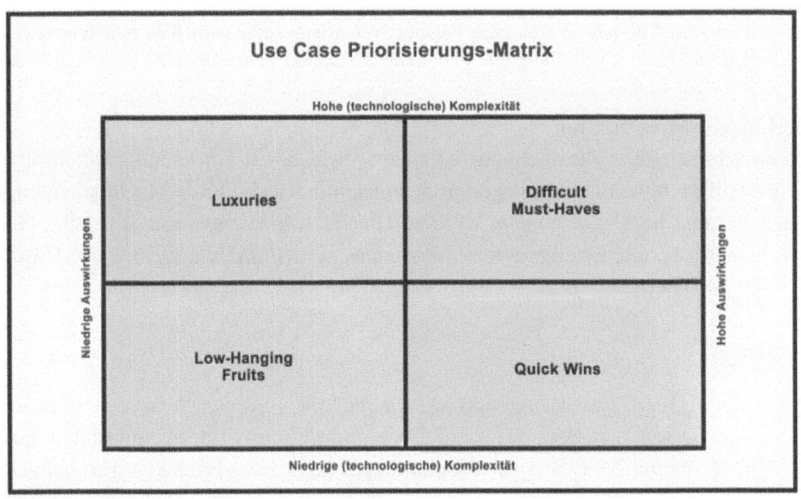

Abb. 5.4 Priorisierungsmatrix. (© valantic)

In Abhängigkeit davon, wie sicher man sich sein will, dass die richtigen Use Cases für den Start ausgewählt sind, kann bei Bedarf ergänzend noch eine detaillierte Use-Case-Bewertung vorgenommen werden. Für diese Bewertung kann auf bestehende Daten (z. B. Web-Analytics-Daten) zurückgriffen werden und ggf. können verschiedene Szenarien für jeden Use Case durchgespielt werden. Der Mittelwert aus dieser Szenario-Analyse ergibt dann die schlussendliche Use-Case-Bewertung. Alternativ können, sofern die Möglichkeiten hierfür vorhanden, auch vorbereitende A/B-Tests oder Kundenumfragen durchgeführt werden, um die Annahmen zumindest teilweise ex-ante zu validieren. Das bietet sich insbesondere dann an, wenn für eine Szenario-Analyse nicht die erforderlichen Daten vorliegen.

Sonderfall
Falls das CDP-Projekt den Rollout auf verschiedene Business Units oder Länder bzw. Vertriebsgesellschaften vorsieht und sofern keine globale Marketing- und/oder Daten-Strategie verfolgt wird, bietet es sich an, auf Basis der Priorisierung eine sog. Use-Case-Menükarte zu erstellen: Die einzelnen Organisationseinheiten können selbst entscheiden, welche der priorisierten Use Cases sie implementieren möchten. Zu beachten ist in diesem Fall, dass idealerweise alle betroffenen Organisationseinheiten die Möglichkeit hatten, ihre Wünsche und Anforderungen an das CDP-Projekt sowie ihre Use-Case-Ideen einzubringen. Hierdurch erhöht sich zwar der initiale Aufwand für die fachliche Spezifikation, es werden aber im besten Fall gleichermaßen wertvolle neue Perspektiven gewonnen, z. B. in Bezug auf das Nutzerverhalten. Die neu gewonnenen Perspektiven können maßgeblich zu einem besseren Spezifikationsergebnis und übergreifend höherer Akzeptanz beitragen.

Technische Spezifikation
Wenn Klarheit über die fachlichen Inhalte sowie deren Umsetzungsreihenfolge hergestellt ist, muss die Implementierung hinsichtlich technischer Machbarkeit eingeschätzt und im Detail geplant werden. Hierfür sollten zunächst, abgeleitet aus den Use Cases, alle Quellsysteme identifiziert werden, die die für die Use Cases benötigten Daten führen.

Beispiel

Für den Use Case „Reaktivierung von inaktiven Kunden" werden transaktionale Daten aus dem Backend-System des Shops, Bewegungsdaten aus dem Frontend des Shops, Produktdaten aus dem Produkt-Informations-Management(PIM)-System sowie Service-Daten aus dem CRM benötigt. Die Komplexität der Datenmodellierung wird unter dem Gesichtspunkt, alle Daten in einer User-Entität (Unique ID) zusammenführen zu müssen, noch erhöht. Dies führt die Wichtigkeit einer Datenstrategie einmal mehr vor Augen.◄

Um die technische Machbarkeit auf Detailebene (sprich Use Case für Use Case, Datenpunkt für Datenpunkt) beurteilen zu können, sollten unbedingt die passenden Ansprechpartner, in Abschn. 5.5.1 als Daten- bzw. System-Owner bezeichnet, in einzelnen Architektur-Workshops hinzugezogen werden. Um die technische Spezifikation zu beschleunigen, empfiehlt es sich, alle benötigten Datenpunkte vorher zu dokumentieren und diese gemeinsam mit den Ansprechpartnern auf das Datenmodell des Quellsystems zu mappen. Darüber hinaus sollte im Rahmen des Architektur-Workshops das Quellsystem ganzheitlich in der Gesamt-CDP-Architektur verortet und über die Datenübertragungsmethode (API, SDK, SFTP-Import etc.) sowie Datenübertragungsfrequenz (Echtzeit, stündlich, täglich ...) diskutiert werden. Im Normalfall gilt: je echtzeitnäher, desto besser. In Abhängigkeit zu den unterstützten Übertragungsmöglichkeiten sowie dem Datenvolumen des Quellsystems ist ein Datentransfer in Echtzeit jedoch nicht immer möglich.

Häufig stellt sich bei der technischen Spezifikation heraus, dass gewisse Datenpunkte nicht im gewünschten Ausmaß oder in der gewünschten Qualität verfügbar sind oder es technisch zu aufwendig ist, die gewünschten Daten in Echtzeit oder überhaupt zu transferieren. In diesen Fällen muss der initial definierte Umfang, sprich der Use Case, der diesen Datenbedarf voraussetzt, angepasst werden. Hierbei gibt es mehrere Möglichkeiten:

1. Der Use Case wird komplett gestrichen = Worst Case.
2. Der Use Case wird depriorisiert und damit nach hinten geschoben.
3. Der Use Case wird hinsichtlich Ausspielungslogik und Inhalt angepasst.

Wenn diese Routine für alle Use Cases abgeschlossen ist und Klarheit über die anzuschließenden Systeme, den technischen Übertragungsweg sowie die zu übertragenden Daten besteht, kann mit der eigentlichen Implementierung der CDP begonnen werden.

5.5.4 Implementierung bzw. Umsetzung

5.5.4.1 Basiskonfiguration der CDP

Der erste Schritt der Implementierung besteht in der Erstellung eines sog. Projekts bzw. eines Tenants in der CDP. Insbesondere in Zusammenhang mit der Datensammlung ist es sinnvoll, über eine Trennung von Entwicklungs- und Produktiv-Umgebung nachzudenken, um die Integrationen mit Hilfe von Testdatensätzen gründlich durchtesten zu können. Hauptargument für dieses Setup

ist die Unabhängigkeit der beiden Systeme, d. h., Änderungen in der Entwicklungsumgebung besitzen keine Auswirkung auf das Live-System. Insofern ist es
ausgeschlossen, dass über die CDP bspw. falsche Inhalte an die falschen Kunden
ausgespielt werden.

Innerhalb der CDP gilt es in der Folge entlang der Definitionen aus dem
Spezifikationsprozess das Kundenschema zu definieren. Besondere Vorsicht ist
in diesem Schritt beim Anlegen der Hard- und Soft-IDs geboten, da diese in
den meisten CDPs nachträglich weder umbenannt noch gelöscht werden können.
Auch ist von einer nachträglichen Änderung der ID-Logik aus Integrationsper-
spektive abzuraten, weshalb das ID-Konzept vorher gut durchdacht sein sollte.
Auf Basis der definierten IDs kann in vielen CDPs daraufhin die „Merge &
Match"-Logik definiert werden, nach der vor allem bei Anbindung mehrerer
Quellsysteme für Kundendaten das 360°-Profil der Kunden gebildet wird. Insbesondere wenn sich nicht alle Quellsysteme die gleiche ID teilen und demzufolge
mit mehreren Hard-IDs gearbeitet werden muss, sollte die verwendete Logik sehr
gut durchdacht und auch getestet werden. Als Hard-ID wird typischerweise die
gehashte E-Mail-Adresse oder eine Kundennummer aus dem CRM o. Ä. genutzt.
Soft-ID wäre bspw. die Cookie-ID (siehe Exkurs „Web- & App-Tracking"), da
jeder Kunde mehrere dieser IDs besitzen kann (z. B. bei einer Identifizierung
über unterschiedliche Browser).

Exkurs: Events
Ein Event, in einigen CDPs auch „Aktivität" genannt, beschreibt einen meist digitalen, je
nach Integration aber auch einen Offline-Touchpoint des Kunden zu einem bestimmten Zeitpunkt mit dem Unternehmen, der mit einem Zeitstempel in der sog. Event-Historie am
360°-Profil des Kunden abgespeichert wird. Ein einzelnes Event kann in Abhängigkeit vom
Use Case flexibel definiert werden. Klassische Events im B2C-E-Commerce-Fall sind bspw.:

- Anmeldung zum Newsletter
- Registrierung
- Login
- Add to Cart
- Online-/Offline-Shop-Einkauf
- Service Case
- etc.

Meist werden zusätzlich auch Outbound-/Aktivierungsaktivitäten wie bspw. das Senden
einer E-Mail oder einer SMS in den CDPs als Event abgespeichert. Solche Events können
vor allem für Reportings von Öffnungsraten, aber auch für Erinnerungslogiken bei Nicht-
Öffnung o. Ä. genutzt werden. Ein Event besteht normalerweise aus einem Event-Namen
bzw. -Typ, einem Zeitpunkt, zu dem das Event stattgefunden hat, den Event-Properties,
die das Event näher beschreiben, und der Hard- oder Soft-ID des jeweiligen Kunden, dem

es zugeordnet werden soll. Im Folgenden ein relativ generischer Beispiel-Payload für ein *Purchase*-Event (Einkauf in einem Online-Shop):

```
{ ⊟
    "customer_id":"huoff38z9484fhuöwhfeo3hfh2uf",
    "event_type":"purchase",
    "timestamp":"2022-03-05 06:13:14",
    "properties":{ ⊟
        "purchase_id":"ord38383384",
        "purchase_status":"success",
        "product_list":[ ⊟
            { ⊟
                "product_id":"1234",
                "quantity":1
            },
            { ⊟
                "product_id":"2345",
                "quantity":2
            }
        ],
        "product_ids":[ ⊟
            "1234",
            "2345"
        ],
        "total_price":719.99,
        "total_price_without_tax":583.32,
        "total_price_local_currency":719.99,
        "local_currency":"EUR",
        "total_quantity":3,
        "payment_type":"paypal",
        "tax_value":136.8,
        "language":"de",
        "location":"https://www.test.de/checkout",
        "domain":"test.de"
    }
}
```

Die Event-Properties können beliebig um weitere Attribute entlang des JSON-Formats erweitert werden. Einige CDPs erwarten den Payload auch im XML-Format oder in anderen Formaten. Am weitesten verbreitet ist jedoch das JSON-Format, da die verbreitetsten CDPs mit REST-Schnittstellen arbeiten. Bei der Event-Spezifikation sollte aus Geschäftssicht darauf geachtet werden, dass alle Informationen, die für die Umsetzung der Use Cases relevant sind, bereitgestellt werden. Dem gegenüber steht die IT-Sicht, die dann entscheiden muss, ob alle Informationen geliefert werden können oder ob sogar andere Systeme angebunden werden müssen und was dies für die Performance (bspw. ob eine Echtzeit-Bereitstellung dann weiterhin möglich ist) der Bereitstellung bedeutet.

Neben dem Kundenschema müssen in der CDP pro definiertem Event auch die Event-Attribute (siehe Exkurs „Events") angelegt werden. Die eigentliche Event-Definition aus Konfigurationssicht gestaltet sich je nach CDP unterschiedlich: Manche CDPs weisen eine generische Schnittstelle für Events auf, bei anderen CDPs muss je Event ein eigener Eventpunkt durch den Nutzer definiert werden.

Aufgrund dieser Unterschiede beschreibe ich diesen Prozess im folgenden Absatz sehr generisch.

Nach dem Kundenschema und den Events sollten in einem weiteren Schritt die Consent- & Subscription-Kategorien angelegt bzw. definiert werden. Diese entscheiden später z. B. darüber, welche Datenpunkte bei welchem Kunden für die Personalisierung ausgespielter Inhalte verwendet werden dürfen, da gerade im Datenschutzkontext personenbezogene Daten ohne Einwilligung weder verarbeitet noch weitergegeben werden dürfen. Abhängig davon, ob das Consent-Management durch die CDP übernommen wird oder ob die „Single-Source-of-Truth" in einem anderen System liegt, bieten einige CDPs auch die Möglichkeit, eine eigene Unsubscribe- & Consent-Management-Seite bereitzustellen. Diese kann über eine URL im E-Mail-Footer eingebunden werden. Falls gewünscht, kann der Footer in Bezug auf das Styling an das Unternehmensbranding angepasst werden.

Damit die für die jeweiligen Quellsysteme zuständigen Entwickler zeitnah mit der technischen Integration beginnen können, müssen die jeweiligen Endpunkte sowie die Zugangsdaten bereitgestellt werden. Auch hier unterscheiden sich die CDPs in der Art und Weise der bereitgestellten Schnittstellen zum Teil sehr stark. Unabhängig von den Unterschieden im Detail gilt es jedoch sicherzustellen, dass der jeweils genutzte Endpunkt bzw. technische Nutzer (o. Ä.) lediglich diejenigen Rechte erhält, die wirklich für die Integration benötigt werden. Wenn ein zu integrierendes System bspw. nur eine Art Leserecht auf die CDP bereitstellen soll, darf der genutzte Endpunkt auch nur Leserechte erlauben. Dies hat vor allem den Grund, dass die Zugangsdaten nicht für Exporte oder „falsche" Änderungen missbraucht werden können.

Analog zur „Inbound-Konfiguration" gilt es nun, auch die Outbound-Richtung innerhalb der CDP zu konfigurieren. Hierzu ist festzuhalten, dass die meisten CDPs eine Vielzahl an Standardintegrationen zu anderen Tools mitbringen. Typische zu konfigurierende Integrationen sind z. B.:

- E-Mail
- SMS/WhatsApp
- Print
- App-/Web-Push
- Social (Google, Facebook …)

Aber auch Integrationen zu anderen genutzten Software-Tools können bspw. via WebHook sehr flexibel konfiguriert werden. Hier bieten die Dokumentationen der jeweiligen CDP in der Regel sehr detaillierte Schritt-für-Schritt-Anleitungen zur

Einrichtung der Konfiguration. Weitere Aspekte, die bei der Basiskonfiguration ggf. berücksichtigt werden müssen, sind:

- **Frequency Policies:** Über Frequency Policies wird sichergestellt, dass ein Kunde in einem Zeitraum nicht zu viele automatisiert ausgelöste Maßnahmen erhält (also z. B. Begrenzung der automatisch getriggerten E-Mails je Monat). Eine Best Practice in Bezug auf E-Mails wäre z. B., dass aktive Kunden mit hohen Öffnungsraten maximal zehn E-Mails pro Woche erhalten sollten, weniger aktive Kunden dafür maximal zwei pro Woche.
- **Rechte und Rollen:** Rechte und Rollen müssen festgelegt werden, um sicherzustellen, dass die Endnutzer, die später mit der CDP arbeiten, auch nur diejenigen Daten sehen und verändern dürfen, die sie sollen. Ein Kampagnen-Manager benötigt bspw. nicht die Rechte, persönliche Daten der Kunden zu sehen. Personen, die für Analytics und Reporting zuständig sind, sollten analog nicht die Rechte haben, eine Journey zu starten.
- **Datenablauf bzw. Datenlöschung:** Hier bieten einige CDPs die Möglichkeit, pro Event zu definieren, wie lange dieses jeweils innerhalb der CDP vorgehalten werden soll. Für Session-Events wird bspw. eine Vorhaltedauer von drei Monaten empfohlen. Hierbei ist darauf zu achten, dass sich die konfigurierten Speicherfristen nicht negativ auf Use Cases oder CDP-Reporting auswirken.

5.5.4.2 Datensammlung (bzw. „Collect")

Bei der Spezifikation (siehe Abschn. 5.5.3) wurde mit allen benötigten Anspruchsgruppen abgestimmt,

1. welche Daten für die ausgewählten Use Cases benötigt werden und
2. in welcher Form und Frequenz diese an die CDP gesendet werden.

Weiterhin wurde festgelegt, ob für das Senden der Daten an die CDP eine Art Middleware genutzt wird oder ob die Systeme direkt mit der ausgewählten CDP interagieren. Schließlich sollte nach der Spezifikation Einigkeit darüber bestehen, aus welchen Quellsystemen die benötigten Daten beschafft werden müssen. In den meisten CDPs wird zwischen den folgenden vier Datentypen unterschieden:

- **Kundenstammdaten:** Dieser Datentypus umfasst die Stammdaten der zu adressierenden Kunden, die insbesondere für die Personalisierung der Use Cases benötigt werden. Hierzu zählen u. a. eine eindeutige ID pro Kunde (typischerweise gehashte E-Mail-Adresse oder CRM-Kundennummer).

- **(Engagement) Consents:** Einwilligungen der Kunden, diese mit bestimmten Inhalten ansprechen oder bestimmte Datenpunkte verarbeiten zu dürfen, bspw. im Rahmen von Profiling. Teilweise bilden CDPs die Consents auch in Form von Events ab.
- **Events:** Meist digitale, aber auch Offline-Touchpoints des Kunden zu einem bestimmten Zeitpunkt, die als sog. Events am Kundenprofil in der CDP abgespeichert werden. Hierzu zählen u. a. bspw. Add-to-Cart, Login, Online-Shop-Kauf, Newsletter-Anmeldung etc. Zusätzlich werden auch Outbound-Aktivitäten, wie das Versenden einer E-Mail oder SMS, als Event am Kundenprofil gespeichert.
- **Katalogdaten:** Zur Ablage von weiteren Objekten neben den Kunden und Events, die in irgendeiner Weise mit diesen in Beziehung gesetzt werden können und sich in regelmäßigen Abständen ändern können, bspw. Produktdaten aus einem Shop oder PIM-System.

Die meisten CDPs bringen die folgenden verschiedenen Typen zum Datensammeln mit:

- **(REST)-API:** HTTP-basierte, sehr flexible Möglichkeit der Read/Write-Integration, meist JSON-basiert. CDPs bieten meist unterschiedliche Endpunkte für das Lesen und Schreiben der einzelnen Datentypen.
- **Dateibasiert:** Regelmäßiges Abrufen von bspw. csv-Dateien, die über eine URL, einen SFTP-Server oder in der Cloud abgelegt werden.
- **Datenbankbasiert:** Regelmäßiger Abruf einer Datenbank via SQL, die von außen erreichbar sein muss, da die meisten CDPs cloudbasierte SaaS-Lösungen sind.
- **Web/App-SDK-basiert:** Die meisten CDPs bringen darüber hinaus eigene Software Development Kits (SDKs) mit, um das Onsite- und/oder App-Verhalten der Kunden zu tracken. Dazu wird bspw. im Fall des Web-Trackings ein Javascript-Snippet in den Kopf der Homepage eingebettet, wodurch meist cookiebasiert das Klickverhalten der Kunden getrackt wird.
- **Wichtig:** Insbesondere in der EU ist es hier besonders wichtig, datenschutzkonform zu handeln und das SDK erst nach Bestätigung der Marketing-Cookies zu laden.

Darüber hinaus bieten viele CDPs sowohl Inbound (für die Datensammlung) als auch Outbound (für die Datenaktivierung) sog. Standardintegrationen zu unterschiedlichen Drittanbietertools an, die unter Zuhilfenahme der Anbieter-Dokumentation meist in kurzer Zeit zu konfigurieren sind.

Einige CDPs bieten auch die Möglichkeit, über sog. Connector Studios die Anbindung von Systemen zu ermöglichen, für die es in der CDP noch keinen Connector gibt, die aber eine REST-Schnittstelle haben. Das Connector Studio stellt alle Mittel zur Verfügung, um diese APIs der Quell- und Zielsysteme ohne komplexe Implementierung zu verbinden. Der Connector wird dann in der Bibliothek gespeichert und steht weiterhin zur Verfügung. Daraus resultiert auch der Vorteil eines geringeren Aufwandes, da eine Pflege der Anbindungen nicht notwendig ist.

Bei der technischen Spezifikation sollte, abhängig von den Use Cases, auf Event-Basis entschieden worden sein, welche Art der Datenübertragung genutzt wird. Ausschlaggebend für die Art der Datenübertragung ist vor allem, ob ein Event als Auslöser für einen Use Case genutzt werden soll. In diesem Fall ist die Information bzw. sind die Informationen in Echtzeit bereitzustellen. Ein Beispiel hierfür wäre die Willkommens-Mail, da diese unmittelbar nach der Registrierung sowie der kundenseitigen Double-Opt-in Bestätigung gesendet werden sollte. Aus der Perspektive der User-Experience reicht es bei diesem Beispiel nicht aus, nur einmal täglich zu einer vordefinierten Uhrzeit, zu der die neuen Registrierungen ins System geladen werden, ein Mailing an alle neuen Kunden auszulösen.

Sofern ein Event bestenfalls in Echtzeit in der CDP verfügbar sein muss, sollte die Integration via API gewählt werden. Zum Hochladen des Produktdatenfeeds ins System sollte eine Integration via csv-Datei, die z. B. täglich geladen wird, ausreichen, da sich die Produktstammdaten mit Ausnahme von Preis und Bestand nicht so häufig ändern.

Exkurs: Web- & App-Tracking

Anders gestaltet sich die Situation bei Daten, die über die Web- bzw. App-SDKs in die CDP gespielt werden, da hierfür entweder mittels Tag-Manager oder nativ in die Homepage bzw. App ein Tracking-Snippet eingebaut wird, das das Kundenverhalten sofort in Echtzeit trackt und als Event ans Kundenprofil in der CDP schreibt. Im Folgenden nehme ich in erster Linie Bezug auf das Web-Tracking, für App-Tracking gelten die genannten Maßgaben aber weitestgehend analog.

Sobald das Web-SDK in die Homepage eingebunden wurde, können durch die meisten CDPs bereits einige Events (Session Events, Seitenbesuche …) anonym getrackt werden. Darüber hinaus bieten SDKs die Möglichkeit, sog. benutzerdefinierte Events zu tracken. Als Voraussetzung muss jedoch ein Web-Entwickler die benötigten Event-Attribute bzw. -Informationen bereitstellen. Ist diese Grundvoraussetzung gegeben, empfiehlt es sich, zumindest einige benutzerdefinierte Events, wie das Anschauen einer Produktdetailseite, das Hinzufügen oder Entfernen eines Produkts zum/vom Warenkorb, oder das Kaufen eines Produkts im Tracking zu erweitern, da diese Events sehr gut für wertbringende Use Cases wie den Warenkorbabbrecher genutzt werden können.

Wie bereits beschrieben, tracken die meisten Frontend-SDKs auf Basis von Cookies. Das bedeutet, dass im Browser des Kunden (nach Zustimmung) ein Cookie gespeichert wird, wodurch ein anonymer Kunde innerhalb der CDP erzeugt und das Klick- und Surf-Verhalten als Event an diesen Kunden geschrieben wird. Sollte der Kunde in den nächsten Tagen auf die Seite zurückkehren, erkennt das SDK dies anhand des gesetzten Cookies und kann so ein ganzheitliches Bild des Surf-Verhaltens in der CDP aufbauen. Das funktioniert logischerweise aber nur, wenn der Kunde den gleichen Browser auf dem gleichen Endgerät nutzt und seine Cookies nicht löscht. Um das Profil des Kunden innerhalb der CDP noch umfassender gestalten zu können, bringen die SDKs der CDPs meist noch eine weitere Möglichkeit der Identifizierung mit. Hierfür muss an allen Touchpoints, an denen sich ein Kunde identifizieren kann (Registrierung, Login, Kauf, Newsletter Anmeldung etc.) mithilfe der festgelegten ID, der sog. „Identify"-Call des SDKs ausgelöst werden, wodurch in der CDP das bisher anonyme Kundenprofil (nur mit Cookie-ID) mit einem bekannten Kundenprofil (aus dem CRM/Shop/…) zusammengeführt wird. Analog zu diesem Beispiel würde das SDK den Kunden auch beim Wiederkehren ohne Login erkennen und seine nächste Session ebenfalls an das bekannte Kundenprofil schreiben.

Dieser Mechanismus trägt zusätzlich dazu bei, ein 360°-Profil des Kunden in der CDP zu erzeugen, wo neben seinen Backend-Events (Käufe, Service-Cases …) auch sein Web- oder App-Verhalten an einem Ort ersichtlich wird.

Generell empfiehlt es sich, für die Implementierung der Datensammlung einen agilen Ansatz auf Quellsystem-Seite zu wählen und mit den jeweiligen Entwicklern in engem Austausch zu bleiben. So kann auch der Test-Prozess sehr granular gestaltet werden, um bereits frühzeitig Teildaten in der Entwicklungsumgebung der CDP zu sehen und auf Richtigkeit und Vollständigkeit prüfen zu können. Der zeitliche Rahmen der Implementierung der Datensammlung ist sehr stark von der Anzahl der benötigten Events und angeschlossenen Quellsysteme abhängig, was wiederum von der Komplexität und Anzahl der Use Cases abhängt. Je nach Entwicklerkapazitäten auf Quellsystemseite kann der hierfür benötigte Zeitraum von wenigen Wochen bis hin zu mehreren Monaten variieren. Wird ein agiler Projektansatz gewählt, ist es ggf. möglich, mit einem Teil der Daten bzw. Events schon mit den ersten, weniger komplexen Use Cases zu beginnen und diese sogar schon live zu nehmen, bevor das letzte Event überhaupt umgesetzt ist.

5.5.4.3 Konfiguration

Nachdem die Basiskonfiguration innerhalb der CDP abgeschlossen und die Implementierung der Datensammlung begonnen hat, kann frühzeitig mit der Konfiguration der definierten Use Cases begonnen werden. Hierzu bieten CDPs meist eine Art „Journey Builder" an, die die Konfiguration auch von komplexeren Use Cases zu vereinfachen helfen. Die „Journey Builder" sind meist Point-and-Click-Oberflächen mit unterschiedlichen Elementen, die im weiteren Verlauf einfach angepasst werden können. Diese Elemente lassen sich in der Regel in folgende drei Typen unterteilen: Trigger/Auslöser, Operatoren und Aktionen/Destinationen.

- **Trigger/Auslöser:** Trigger bzw. Auslöser beinhalten eine Fülle von unterschiedlichen Möglichkeiten, durch die die Journey ausgelöst wird. Dies geht über zeitliche Auslöser (konkretes Datum, Uhrzeit) und wiederkehrende Auslöser (jeden Tag zu einer bestimmten Uhrzeit) bis hin zu Event-Auslösern (bspw. nach dem Kauf eines bestimmten Produktes). Viele CDPs bieten darüber hinaus noch weitere Möglichkeiten, um Journeys auszulösen, wie:
  - Änderung von Segmentzugehörigkeiten,
  - Änderung des Kundenprofils,
  - Änderung eines Consent Status.
- **Operatoren:** Operatoren entscheiden darüber, in welcher Logik die Journeys durchlaufen werden. Hierunter fallen bspw. Bedingungen oder Filter-Schritte, bei denen meist unter Verwendung der UND/ODER-Logik die Ausprägungen von Kunden-Attributen und Events überprüft werden können. Um z. B. zu entscheiden, ob ein Kunde in der Journey „weiterlaufen" soll oder nicht, lassen sich komplexe Logiken aufbauen, innerhalb derer verschiedene Kundenattribute und Events miteinander kombiniert werden können. Darüber hinaus bieten CDPs häufig auch die Möglichkeit, Splits für A/B-Tests oder Wartezeiten einzufügen sowie aus der Journey heraus Kundenattribute zu setzen oder für den jeweiligen Kunden ein bestimmtes Event im System zu erstellen. Häufig können auch andere „Unter-Journeys" aktiviert werden, in denen der jeweilige Kunde dann weitergeführt wird.
- **Aktionen/Destinationen:** Aktionen/Destinationen entscheiden über die Ausspielung und Aktivierung. Hier können die konfigurierten Outbound-Integrationen wie bspw. E-Mail oder SMS genutzt werden, um über ein Drittsystem den Kunden direkt zu adressieren. Die Menge der nutzbaren Elemente ist stark von der Basiskonfiguration abhängig. Über konfigurierte WebHooks kann auch mit Drittsystemen wie bspw. einem Service-System kommuniziert werden, um die Kundeninformationen oder -präferenzen dort anzureichern, Service-Cases zu öffnen oder zu schließen o. Ä.

5.5.4.4 Datenmigration

Für den Go-Live der CDP werden neben der finalen Implementierung der Datensammlung auch zumindest einige historische Daten in der CDP benötigt. Im Rahmen der Architektur werden dann bspw. Kaufvorgänge aus dem Online-Shop exportiert und in die definierte Event-Struktur übersetzt. Bei welchen Event-Arten eine Migration sinnvoll ist, hängt stark von den definierten Use Cases ab. Bei den folgenden Datentypen sollte jedoch darüber nachgedacht werden, ob es im Sinne der Use Cases nicht besser ist, die Historie eines bestimmten Zeitraums zu migrieren:

- Kundendaten,
- Consents,
- Kaufhistorie,
- Produktdaten,
- E-Mail-Open-/Click-Historie.

Die Liste kann, wie bereits beschrieben, je nach Art der Use Cases beliebig erweitert werden, jedoch sollte früh genug mit den Entwicklern der jeweiligen Quellsysteme eine Abstimmung angestoßen werden. Bei allen aufgeführten Datentypen ist es sicherlich auch aus Speicherplatz-Perspektive nicht sinnvoll, unreflektiert den kompletten Stand aus dem Quellsystem zu kopieren.

Je nach Ausrichtung der CDP kann es sinnvoll sein, erst diejenigen Kunden an die CDP zu senden, die auch den berechtigenden Consent gegeben haben. Analog dazu ist es im Rahmen der CDP-Implementierung evtl. auch empfehlenswert, diese Kundengruppe „aufzuräumen" und bspw. Kunden auszusortieren, die zwar ihren Consent gegeben haben, aber schon seit x Jahren nicht mehr aktiv waren.

Auch ist es meiner Erfahrung nach wenig hilfreich, die Kaufhistorie der letzten 20 Jahre zu migrieren. Hier sollte man sich im Vorfeld auf einen für die Use Cases sinnvollen Zeitraum verständigen.

Auch bei den Produkten sollte eine Eingrenzung vorgenommen werden, da bspw. eine Migration von Produkten, die bereits seit 20 Jahren nicht mehr verkauft werden, nicht zweckmäßig ist. Hier sollte ein ähnlicher Zeitraum wie bei den Kaufdaten gewählt werden, da sonst ggf. zu älteren Käufen keine Produktdaten mehr gefunden werden können.

Sowohl beim Thema Zeitraum als auch beim Thema Migration von Consents empfiehlt sich eine enge Abstimmung mit der Rechtsabteilung, da aus rechtlicher Sicht für alle Datenpunkte definiert werden muss, für welchen Zeitraum diese zur Personalisierung genutzt werden dürfen.

Der Punkt der E-Mail-Open- und/oder Click-Historie kann bei allen CDP-Projekten ohne E-Mail-Anbindung vernachlässigt werden. Ansonsten sollte auch bei diesem Punkt vorher entschieden werden, für welchen Zweck historische Click-Events genutzt werden sollen und dann ein Zeitraum für die Migration festgelegt werden. Zumindest die Click-Historie der letzten Monate sollte, sofern möglich aus dem „alten" E-Mail-Versand-Tool exportiert werden, da es sich empfiehlt, im IP-Warming (siehe Abschn. 5.5.4.6) zuerst die „aktiven" Kunden anzuschreiben.

Exkurs: Datenbereinigung

Wie bereits erwähnt, kann es zumindest auf Kundenebene vor der Migration durchaus sinnvoll sein, die Quellsysteme im Zuge der CDP-Implementierung zu bereinigen, was in diesem Exkurs angeschnitten wird. Oftmals fallen im Zuge der CDP-Kunden-Migration einige historisch gewachsene Datenschiefstände in den Quellsystemen (bei Kundendaten insbesondere CRM) auf, bei denen es sich evtl. lohnen würde, direkt im Quellsystem anzusetzen, da sich diese „Probleme" andernfalls bis in die CDP durchziehen würden.

Dabei kann es sich bspw. um folgende typische Probleme handeln:

- **E-Mail-Duplikate:** Oft ist die E-Mail-Adresse bewusst oder unbewusst im CRM nicht einzigartig. Zumindest sobald für mehrere dieser „Duplikate" ein Consent vorliegt, würde sich das auch bis in die CDP durchziehen, hier kann es beim Opt-out-Handling dann zu Problemen kommen.

- **Unsauber gepflegte Feldwerte:** Gerade wenn auf Basis dieser Felder personalisiert werden soll oder sie sogar genutzt werden, um den Kunden zu adressieren, sind unsauber gepflegte Felder für den CDP-Go-Live suboptimal. Als Beispiel wäre hier z. B. das Handynummer-Feld zu nennen, wenn über die CDP SMS versendet werden sollen, die Felder durch Service-Agenten aber nicht einheitlich gepflegt werden. Für Telefonnummern empfiehlt sich bspw. das E.164-Format. Gerade wenn ID-Felder in den Quellsystemen unsauber gepflegt werden, kommt es mit großer Wahrscheinlichkeit zu Konflikten.

Oftmals bedarf es hier dann auch Anpassungen bspw. im Shop Frontend, sodass dort im Checkout auf Feldebene schon auf Korrektheit der Eingaben geprüft wird, um die Datenprobleme wirklich an der „Wurzel" zu bekämpfen. Konkret sollten hier im Frontend Feld-Validierungen implementiert werden, sodass zumindest das Format der Eingabe korrekt ist.

Ähnlich wie bei der Datensammlung, bei der die Datenströme erst einmal auf Development-Quellsystemen, die mit der Entwicklungsumgebung der CDP integriert wurden, getestet werden sollten, ist es auch bei der Migration der historischen Daten sinnvoll, erst einmal eine Art „Testmigration" mit Hilfe der Entwicklungsumgebung zu vollziehen (siehe auch Abschn. 5.5.4.5). Wenn diese erfolgreich war, kann mit der Migration der historischen Produktiv-Daten fortgefahren werden. Diese sollte zeitlich gut mit dem Go-Live der Datensammlung abgestimmt sein, um später keine „Lücken" in der CDP zu haben. Zwar wird man schwer um eine Delta-Migration (Migration des Zeitraums zwischen der historischen Migration und dem Live-Schalten der Datensammlung der Datenströme) herumkommen, wenn der Export der historischen Daten und Go-Live der Datenflüsse zeitlich nah beieinanderliegen und aufeinander abgestimmt sind, sollte dieses zeitliche Delta jedoch relativ klein sein.

Je nach Situation ist jedoch auch nach Go-Live noch die eine oder andere „Nachmigration" erforderlich. Als Beispiel, das in nahezu jedem Fall eintritt, wäre der Newsletter-Consent zu nennen. Hier muss sichergestellt werden, dass für die ersten Wochen in regelmäßigen Abständen die Newsletter-Abmeldungen aus dem „alten" E-Mail-Versand-Tool in die CDP (oder das Consent-Management-Tool) migriert werden, da man auf keinen Fall Kunden anschreiben will, die sich über eine ältere E-Mail vom Newsletter abgemeldet haben.

5.5.4.5 Qualitätssicherung & Testing

Um wertbringende Use Cases umzusetzen, ist die Qualität der Daten sehr wichtig. Beispielsweise ist es schon für die Personalisierung der Anrede in E-Mails wichtig, das Geschlecht der Kunden vernünftig zu pflegen. Aber auch auf Event-Ebene sollte pro Feld darauf geachtet werden, dass plausible Werte von den Quellsystemen geliefert werden. In der CDP hat man hier meist keinerlei oder nur minimale Möglichkeiten der Bereinigung, weshalb analog zur Migration die Fehler schon im Quellsystem bereinigt werden sollten. Auch nach Go-Live sollte mit Hilfe von Reportings und Monitoring-Dashboards, was viele CDPs mitbringen, auf Feldebene eine Qualitätssicherung stattfinden, da sich auch in den Quellsystemen jederzeit etwas ändern kann. Auch empfiehlt sich eine Art Integrations-Monitor-Dashboard, über das nachvollzogen werden kann, ob überhaupt noch Daten aus den Quellsystemen einlaufen.

Beim Thema Testing sollte zwischen Integrations- und Use-Case-Testing unterschieden werden. Wie bereits in Abschn. 5.5.4.2 beschrieben, sollte sichergestellt werden, dass es eine integrierte Testlandschaft gibt. Das bedeutet, dass bestenfalls für alle Quellsysteme ein Test-System an die Entwicklungsumgebung der CDP angebunden wird, und diese Testsysteme, falls nötig oder sinnvoll, auch untereinander integriert sind. Beispielsweise sollte das Shop-Test-System mit dem CRM-Test-System integriert sein, und beide wiederum mit der CDP-Entwicklungsumgebung, um z. B. einen Auftragsprozess inklusive Anlage des Kundenprofils vollumfänglich testen zu können. Dies hat auch für das Testing der Use-Case-Journeys den großen Vorteil, dass die Journeys erst einmal in der Entwicklungsumgebung getestet werden und erst danach in der Produktivumgebung bereitgestellt werden können. Sollte eine solche integrierte Testumgebung nicht vorhanden sein, lassen sich zumindest Use-Case-Journeys auch risikoarm in einem Produktiv-System testen, indem mittels Bedingungen nur bestimmte Kunden bzw. E-Mail-Adressen in der Journey berücksichtigt werden. Die Integration sollte aber auf jeden Fall erst einmal mittels Test-System getestet werden, was sich dann auch für die Use Cases anbieten würde.

5.5.4.6 Go-Live

Nachdem alle benötigten historischen Kundendaten und Events migriert wurden, die Datenflüsse auf Quellsystem-Seite produktiv geschaltet wurden und alles gründlich durchgetestet wurde, ist die CDP aus technischer Perspektive live.

Bevor nun die ersten erstellten Use-Case-Journeys aktiviert werden können, ist in den meisten Fällen jedoch noch ein sog. „IP-Warming" erforderlich. Zumindest, wenn im Zuge der CDP-Implementierung auch ein neues E-Mail-Versand-Tool eingeführt wird (oder die E-Mails direkt über die CDP versendet werden), ist dieser Schritt unerlässlich. Es ist unbedingt zu empfehlen, für die Versendung eine neue, bisher ungenutzte Subdomain zu nutzen und nicht die E-Mail-Adresse aus dem alten E-Mail-Versand-Tool weiter zu verwenden. Dies hat den Grund, dass sich durch die Tool-Umstellung auch die IP-Adresse ändert, über die gesendet wird, was von den ISPs als sehr negativ bewertet wird.

Beim IP-Warming geht es insbesondere darum, die neue IP und Subdomain langsam „aufzuwärmen", um die ISPs behutsam an das zukünftige Gesamtvolumen zu gewöhnen. Verständlicherweise werden Anbieter wie Gmail oder Microsoft ansonsten einen Großteil der E-Mails blockieren, wenn plötzlich ein großes E-Mail-Volumen über eine neue, unbekannte IP-Adresse und Subdomain versendet wird. Gerade die „großen" ISPs, in Deutschland v. a. United Internet Media (gmx, web.de, t-online …), Microsoft (outlook, hotmail, live, msn), Verizon (yahoo, aol) und Gmail sind sehr empfindlich, weshalb man diese sehr konservativ aufwärmen sollte. Ein Warmup-Plan für ein Gesamtvolumen von bis zu 200.000 Adressaten könnte bspw. wie in Abb. 5.5 dargestellt aussehen.

Grau hinterlegt wurden die Versandtage, an denen ein neues E-Mail-Template benötigt wird. Da das Ganze kumuliert betrachtet wird, kann in diesem Beispiel in den ersten neun bis zehn Tagen das gleiche Template genutzt werden, da erst ab Tag 10 oder 11 einige Kunden ein zweites Mal angeschrieben werden.

Sending Days	Other ISPs TOTAL	Microsoft TOTAL	Verizon TOTAL	Gmail TOTAL	United Internet Media TOTAL	TOTAL Sending Vols
1					100	100
2	2.000			100	100	2.200
3	2.000	100	100	100	200	2.500
4	3.000	100	100	200	500	3.900
5	5.000	200	200	500	1.000	6.900
6	8.000	500	500	1.000	2.000	12.000
7	10.000	1.000	1.000	2.000	4.000	18.000
8	15.000	2.000	2.000	4.000	8.000	31.000
9	25.000	4.000	4.000	8.000	10.000	51.000
10	45.000	8.000	8.000	10.000	20.000	91.000
11	65.000	10.000	10.000	20.000	40.000	145.000
12	83.186	14.581	17.626	41.339	55.700	212.432

Abb. 5.5 IP-Warming

Wichtig ist außerdem zu erwähnen, dass „Sending Days" nicht gleich Kalendertage sind, es ist also kein Problem, zwischenzeitlich (bspw. an Wochenenden) eine Versandpause einzulegen. Man sieht schnell, dass vor allem bei den großen ISPs mit sehr kleinen Zielsegmenten angefangen wird, um diese behutsam an die neue Versand-IP zu gewöhnen.

Ziel des IP-Warmings muss es sein, am Ende einmal das Gesamtvolumen, welches zukünftig regelmäßig mit E-Mails bespielt wird, anzuschreiben.

Das IP-Warming sollte sehr sorgfältig beobachtet werden, um bei unerwartet vielen Bounces o. Ä. schnell reagieren zu können und die Versandzahlen dieser Domain für die darauffolgenden Tage noch einmal anzupassen. An diesem Punkt sollten unbedingt auch die E-Mail-Versand-Tool-Anbieter mit ins Boot geholt werden, da diese meist die besten Erfahrungswerte haben, falls einmal etwas schiefläuft.

Da für automatisch ausgelöste Use-Case-Journeys schwer abzusehen ist, wie viele Mails durch diese tatsächlich versendet werden, sollten diese erst nach Abschluss des IP-Warmings live gestellt werden.

Natürlich ist die CDP-Implementierung auch nach Aktivierung der ersten Use Cases nicht abgeschlossen. Mit den im System befindlichen Kundendaten und Events können nach Belieben immer weitere wertbringende Use Cases ergänzt und getestet werden, um sich kontinuierlich weiterzuentwickeln. Wie diese Weiterentwicklung und auch der Betrieb einer CDP nachhaltig organisiert ist, wird in Abschn. 5.6 erörtert.

5.6   Betrieb einer CDP anhand von Projekt-Best-Practices

Gastbeitrag von David Deronja, Benedikt Jostes, Dominik Mergler, Erik Schleicher und Alexander Siebel, valantic

Das Projekt „CDP-Implementierung" mag mit dem Go-Live der ausgewählten Lösung und der Aktivierung der ersten Use Cases zwar erfolgreich abgeschlossen sein, das Gleiche gilt jedoch in der Regel noch nicht für die notwendige Transformation des Unternehmens hin zu einer datengetriebenen Organisation.

Sofern im Rahmen der Implementierung, wie in Abschn. 5.5 beschrieben, das Unternehmen dem MVP-Ansatz gefolgt ist, wurde bis zum Zeitpunkt des Betriebes nur eine geringe Anzahl besonders erfolgversprechender Use Cases aufgesetzt. Entsprechend sind auch nur die für diese Use Cases zwingend notwendigen Datenquellen im Rahmen der Phase *Connect* angebunden worden, um sowohl das Budget als auch die IT-Ressourcen zu schonen. Daraus folgt, dass im Rahmen des Betriebs und der Weiterentwicklung einer CDP weitere Use

Cases implementiert werden können bzw. müssen, die je nach Use Case zusätzliche Datenquellen erfordern können. Darüber hinaus sollten bereits laufende Use Cases kontinuierlich optimiert und weiterentwickelt werden, z. B. mittels A/B-Tests. Dementsprechend besteht auch nach dem initialen Go-Live erhebliches Ausbau- und Optimierungspotenzial.

Um diese Potenziale strukturiert nutzen zu können, möchte ich in den folgenden Abschnitten einige grundlegende Methoden vorstellen und relevante Handlungsfelder in Zusammenhang mit dem Betrieb und der Weiterentwicklung einer CDP aufzeigen.

5.6.1 Zusammenarbeitsmodell (Operating Model einer CDP)

Um den höchstmöglichen Wert aus den Daten und den Möglichkeiten der CDP herausholen zu können, sollte nach der Implementierung der Fokus auf der Nutzung der CDP und der daraus resultierenden Steigerung der Wertschöpfung liegen. Zentral sind in dieser Phase meiner Ansicht nach einerseits die Mitarbeiter und andererseits die Art und Weise, wie die Mitarbeiter an die neue Technologie und Arbeitsweise herangeführt werden. In diesem Kontext sind zwei Maßnahmen umzusetzen:

1. Anpassung der bestehenden oder Einführung neuer Prozesse für die Zusammenarbeit zwischen den unterschiedlichen Abteilungen (Stichwort: Operating Model) zur optimalen Nutzung der durch die CDP entstehenden neuen Möglichkeiten
2. Einstellung von neuen Mitarbeitern oder Aus- und Weiterbildung von bestehenden Mitarbeitern zur Bedienung der CDP

Sofern nicht schon im Vorfeld des Projekts geschehen, sollte in Zusammenhang mit Punkt 1 der vorangegangenen Aufzählung festgelegt werden, wie das CDP-Team mit dem neu eingeführten Tool arbeiten soll und welche weiteren Tools zur Unterstützung herangezogen werden sollen. Meiner Erfahrung nach hat es sich bewährt, einen agilen, hypothesengetriebenen Prozess im Rahmen des Betriebsmodells (Operating Model) für eine CDP aufzusetzen (siehe hierzu Abb. 5.6).

Dieser Prozess sieht die folgenden Schritte vor:

• **Hypothesengenerierung:** Im ersten Schritt steht das Aufstellen von Hypothesen aus Business-Sicht im Mittelpunkt der Betrachtung. Sie bilden die Basis

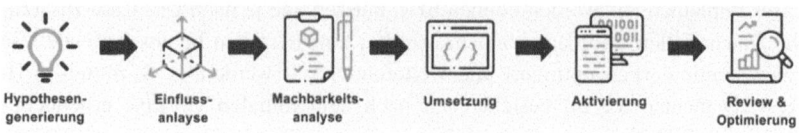

Hypothesen-   Einfluss-   Machbarkeits-   Umsetzung   Aktivierung   Review &
generierung   anlayse   analyse   Optimierung

Abb. 5.6 Agiler Prozess für das Operating Model einer CDP. (© valantic)

für die Arbeit des CDP-Teams. Als Hypothesen begreifen wir in diesem Fall z. B. Ideen für neue Automatisierungs-Use-Cases oder deren Optimierungspotenziale, neue Personalisierungsstrategien oder Segmentierungsansätze. Für jede einzelne Hypothese ist zudem festzuhalten, welche Auswirkungen auf welches Ziel des CDP-Einsatzes erwartet werden und über welche Indikatoren die intendierten Auswirkungen gemessen werden können. Durch dieses Vorgehen ist sichergestellt, dass die Hypothesen eine ausreichend hohe Relevanz für das Business besitzen.

- **Einflussanalyse:** Da dem Team nur begrenzte Ressourcen zur Verfügung stehen und es somit zwangsläufig zu einer Priorisierung der Hypothesen kommen muss, wird im zweiten Schritt eine Potenzialbewertung für die Hypothesen durchgeführt. Dazu wird auf Basis der mit der CDP geschaffenen Datengrundlage ermittelt, wie hoch die zu erwartenden Auswirkungen der einzelnen Maßnahmen ausfallen werden. Damit wird ein Ranking zwischen den einzelnen Maßnahmen aufgebaut, das einen Hinweis auf die Priorität der Abarbeitung gibt.
- **Machbarkeitsanalyse:** Da jedoch nicht nur das potenzielle Ergebnis einer Maßnahme relevant ist, sondern auch der Zeithorizont ihrer Umsetzung, wird die Hypothese im nächsten Schritt einer technischen und CDP-seitigen Machbarkeitsanalyse unterzogen. So wird sichergestellt, dass alle benötigten Daten sowie die ggf. notwendigen Nutzer-Einwilligungen vorliegen und die vorhandenen Systeme geeignet sind, die neue Idee zu realisieren. Auf diese Weise schaffen es nur Maßnahmen an die Spitze des Backlogs, die sowohl erfolgversprechend als auch umsetzbar erscheinen.
- **Umsetzung:** Nach der Priorisierung des Backlogs kann mit der Umsetzung der entwickelten Maßnahmen begonnen werden. Konkret bedeutet das: Aufbauen neuer Automatisierungs-Strecken, Integrieren neuer Daten oder Erweiterung bestehender Plattform-Events, Anschluss und Konfiguration neuer Aktivierungskanäle, Koordination externer und interner Zulieferer usw. sowie abschließende, vollumfängliche Tests. In welchem Modus dies erfolgt, richtet sich nach dem üblichen Vorgehen in der Organisation. Meiner Erfahrung nach

bietet es sich jedoch grundsätzlich auch hier an, agile Prozesse und Methoden und dementsprechend sprintbasiertes Arbeiten auf Basis von z. B. Kanban oder SCRUM, inkl. Begleitprozessen wie Planning, Review und Retrospektive zu nutzen. Der Vorteil dieser Methoden liegt in dem Umstand begründet, dass bei Einhaltung der Konventionen die Auslieferungsmechanismen sowie die Soll- und Ist-Resultate kontinuierlich reflektiert und in der Folge der Output sowohl qualitativ als auch quantitativ (Velocity) optimiert werden kann. Zudem kann ein Over Engineering verhindert werden.

- **Aktivierung:** Wenn technisch alle Vorbereitungen getroffen sind, können die Maßnahmen produktiv geschaltet werden. In der Folge gilt es zu beobachten, ob alles wie geplant funktioniert, und abzuwarten, bis genügend Daten über die Leistung der Maßnahme für eine sinnvolle Auswertung vorliegen. Wie lang der dafür notwendige Zeitraum ist, variiert je nach Maßnahme, zu untersuchender Zielgröße und Unternehmen.
- **Review & Optimierung:** Den Abschluss des Prozesses bilden die detaillierte Analyse der umgesetzten Maßnahmen sowie deren Dokumentation. Im Fokus sollte an dieser Stelle nicht nur die ökonomische Performance der Maßnahme stehen, sondern insbesondere auch die Erkenntnisse, die das Team bzw. das Unternehmen aus der Maßnahme ziehen konnten. Deshalb sollte analysiert werden, ob das Ergebnis tatsächlich im erwarteten Umfang eingetreten ist, und falls dies nicht der Fall ist, was mögliche Gründe hierfür sein könnten:
  - Wurden Fehlannahmen in Bezug auf das Nutzerverhalten getroffen?
  - Gab es Störfaktoren, die das Ergebnis beeinflusst haben?
  - Gibt es Faktoren und Zusammenhänge, die bisher nicht berücksichtigt wurden?

Vielfach wird man zum Schluss kommen, dass für die Beantwortung dieser Fragen weitere Tests oder Modifikationen erforderlich sind. Diese fließen in Form neuer Hypothesen wieder in das Backlog ein und durchlaufen den Prozess erneut. Auf diese Weise lernt das Unternehmen kontinuierlich dazu und ist dadurch in der Lage, den eigenen Reifegrad zu erhöhen.

Um den beschriebenen Prozess für das Operating Model einer CDP effektiv zu gestalten, empfehle ich, agile Projektmanagement-Lösungen einzusetzen, innerhalb derer der Hypothesen-Backlog gepflegt und Fortschritte dokumentiert werden können. Zudem ist durch den Einsatz solcher Tools immer klar ersichtlich, wer gerade für eine bestimmte Aufgabe verantwortlich ist und in welchem Status sich die einzelnen Themen befinden. Auf diese Weise wird die Arbeit des Teams transparent und nachhaltig dokumentiert, auswertbar und verschwindet nicht in E-Mail-Postfächern. Zusätzlich benötigen wir einen zentralen Ort, um Erkenntnisse und Einsichten aus den CDP-Aktivitäten festzuhalten. Hierfür bieten sich z. B. Wikis an, für den Start haben sich aber auch ein Word- oder Excel-Dokument in Sharepoint bewährt. Selbstverständlich benötigt die Umstellung der Arbeitsweise in Bezug auf solche Tools ihre Zeit – nicht zuletzt auch für dedizierte Schulungen der Mitarbeiter.

5.6.2 Kontinuierlicher Verbesserungsprozess (KVP)

Um die neue Arbeitsweise nachhaltig in der Organisation zu verankern, bedarf es eines kontinuierlichen Verbesserungsprozesses, der für jede Phase des CDP-Betriebs Kennzahlen definiert. Dadurch wird es möglich, den Erfolg der jeweiligen Phase zu messen. In Abb. 5.7 sind die wesentlichen Elemente des KVP zusammenfassend dargestellt.

Wie Abb. 5.7 zu entnehmen ist, besteht der KVP aus drei aufeinander aufbauenden Phasen:

Phase 1: Ramping Up
In dieser Phase liegt der Schwerpunkt darauf, die Nutzer aus den Fachbereichen auf das System zu bringen und die Nutzung des Systems insbesondere bei den Schlüssel-Nutzern voranzutreiben. Dementsprechend sollten die Nutzer die Vorteile

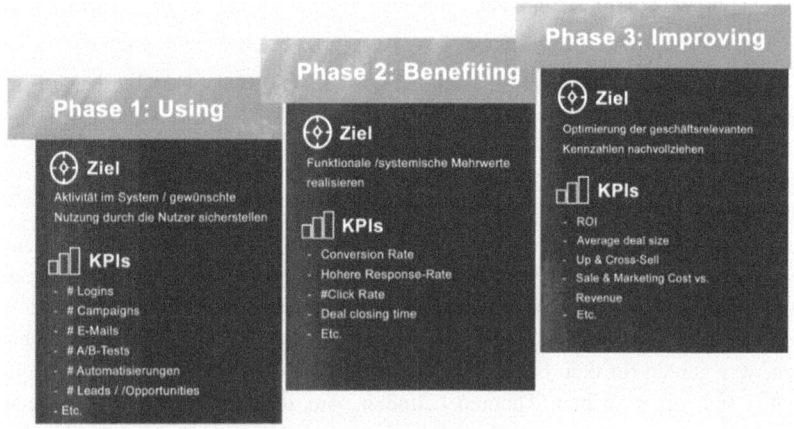

Abb. 5.7 Darstellung aus KVP. (© valantic)

des neuen Systems schnell erkennen und idealerweise direkt einen praktischen Nutzen aus dem System ziehen können. Hierbei helfen gut geplante Nutzer-Trainings, die idealerweise auf die jeweilige Rolle abgestimmt sind. Positive Mundpropaganda der Pilotphase der Nutzung unterstützt in der Folge beim Onboarding weiterer Mitarbeiter.

Um den Erfolg dieser Phase bewerten und bei Bedarf gegensteuern zu können, können aus einer Management-Perspektive heraus z. B. die folgenden Kennzahlen genutzt werden:

- Anzahl der Logins im System
- Anzahl mithilfe des Systems durchgeführter Kampagnen
- Anzahl durchgeführter A/B-Tests
- Anzahl umgesetzter Automatisierungs-Use-Cases

Exkurs: Training & Enablement
In der Praxis hat sich bei CDP-Projekten ein fünfstufiger Prozess für die Befähigung von Teams zur Arbeit mit einer CDP als besonders erfolgreich herausgestellt. Der Prozess zerfällt in die fünf Phasen Manage, Explore, Build, Analyze und Report.

1. **Manage**
   In dieser Phase geht es um die Schaffung der Basis für alle nachfolgenden Phasen, d. h. darum, ein Grundverständnis für die neue Arbeitsweise und das neue Zusammenarbeitsmodell (Operating Model) und die zugehörigen Prozesse aufzubauen. Im Zuge dessen ist es besonders wichtig, dass auch ein Verständnis für agile Methoden (z. B. SCRUM) bei den Mitarbeitern hergestellt wird, vor allem für die zugrunde liegenden Begriffe und Prinzipien, auf die ich an dieser Stelle aber nicht näher eingehe. Ebenso ist es erforderlich, dass Wissen und Fähigkeiten in Bezug auf Kommunikations- und Kollaborations-Tools vermittelt werden.
2. **Explore**
   Sind die Grundlagen aus der ersten Phase vermittelt, kann dazu übergegangen werden, an den inhaltlichen Kernfähigkeiten zu arbeiten: Use-Case-Ideenprozess und Roadmap-Planung. Demzufolge geht es in dieser Phase um die Vermittlung, wie Ideen auf Basis definierter Ziele generiert und gegeneinander priorisiert werden können. Hierzu ist es u. a. erforderlich, dass die Mitarbeiter ein Verständnis für Metriken und Kennzahlen aufbauen und davon, wie diese in Beziehung zu den übergeordneten Zielen stehen. Ebenso ist es erforderlich, dass das Team ein Gespür für den Aufwand, der hinter einer Idee steckt, entwickelt. Das Team muss also zumindest grob verstehen, welche Daten für die Idee erforderlich sind und welche Kanäle und Systeme für die Umsetzung relevant sein werden. Das Erlernen grundlegender Kreativitätstechniken rundet diese Phase ab.
3. **Build**
   Nachdem die methodischen Skills vermittelt wurden, steht das Erlernen der Bedienung der CDP im Mittelpunkt der Betrachtung. Das Curriculum dieser Phase ist entsprechend stark davon abhängig, für welche CDP sich das Unternehmen entschieden hat und wie sich die konkreten Anwendungsfälle manifestieren. Viele CDP-Anbieter stellen im

Rahmen dieses Schrittes teils kostenlos, teils gegen Bezahlung eine umfassende Systemdokumentation zur Verfügung, einige sogar dedizierte E-Learning-Module oder gar Zertifizierungen. Sofern das Unternehmen mit einem Implementierungspartner arbeitet, kann dieser häufig ebenfalls Tool-Schulungen übernehmen. Die letztgenannte Option hat dabei den Vorteil, dass die Trainings on-the-job, also bei der Arbeit, mit unternehmenseigenen Daten und spezifischen Use Cases erfolgen können. Solche Module bieten nur die wenigsten CDP-Anbieter an.

4. **Analyze**
Die vierte Phase dient dazu, dem Team wesentliche Analyse-Fähigkeiten zu vermitteln. Ob die Analyse in der CDP selbst oder in einem angeschlossenen Analyse-Tool stattfindet, ist dabei unerheblich. Hierbei ist es zunächst wichtig, dass die Mitarbeiter verstehen, welche Metriken und Kennzahlen für ihre betreffenden Kanäle und Use Cases jeweils relevant sind und wie sie diese richtig nachvollziehen und auswerten können. Die vermittelten Inhalte der Phase können dabei je nach Anforderungsprofil vom Formulieren geschäftsrelevanter Fragestellungen an die Daten bis hin zum Erlernen fortgeschrittener Analysetechniken reichen. Wichtig ist hierbei, dass das Team über ein einheitliches Vokabular und über eine deckungsgleiche Definition seiner Metriken verfügt.

5. **Report**
In der letzten Phase lernen die Mitarbeiter, wie sie die erworbenen analytischen Fähigkeiten einsetzen können, um aussagekräftige Reports sowohl für die eigene Abteilung als auch für das Management auf Grundlage der CDP-Daten erstellen können. Neben Analyse- und Visualisierungsfähigkeiten ist hierbei insbesondere der richtige (Anspruchsgruppen-)Blickwinkel auf die Daten zu erlernen. Im Mittelpunkt der Betrachtung stehen hierbei die Identifizierung der relevantesten Kennzahlen sowie das Aufzeigen der wesentlichen Entwicklungen. Dadurch soll ein Überfrachten von Dashboards oder Reports mit zu vielen Metriken unterbunden werden.

Jede der vorgenannten Phasen kann in Abhängigkeit von der Taktung der Sitzungen im Laufe einer Netto-Woche abgeschlossen und im weiteren Verlauf nach Bedarf um Auffrischungssitzungen ergänzt werden. Um den nachhaltigen Erfolg der Maßnahmen sicherzustellen, empfiehlt es sich, den Kenntnisstand des Teams vor und nach den jeweiligen Schulungen strukturiert zu erfassen.

Phase 2: Benefitting

Nachdem die Adoption des Systems seitens der Mitarbeiter sichergestellt ist und alle Mitarbeiter ausreichend geschult sind, sollten die eigentlichen Business-Ziele und Kennzahlen wieder verstärkt fokussiert werden. Konkret also diejenigen Aspekte und Potenziale, die ausschlaggebend für die Implementierung der CDP waren. Übersetzt in Metriken, kann sich dies im Falle eines E-Commerce-Unternehmens bspw. wie folgt gestalten:

- Höhere Response-Rate der Kampagnen durch personalisierte Kommunikation,
- kürzere Markteintrittszeit für das Aufsetzen neuer Marketing-Automatisierungs-Use-Cases sowie

- Effizienzgewinne im digitalen Marketing durch den Einsatz verfeinerter Zielgruppen und Segmentierungen.

Das versetzt das Unternehmen in die Lage, die Nachhaltigkeit des Projekterfolgs gegenüber dem Management nachzuweisen. Es kann mit Daten belegt werden, dass die Einführung des Systems sinnvoll war und welche Effizienzgewinne in den Prozessen bislang realisiert werden konnten und welche zukünftig noch realisiert werden können.

Phase 3: Improving
Wenn dieser Punkt erreicht ist, dann ist schon viel gewonnen: Das Unternehmen hat ein neues System erfolgreich eingeführt und es in den Prozessen und Arbeitsschritten der Teams nachhaltig verankert. Allerdings stehen noch weitere Aufgaben an: Neben der Realisierung immer neuer Use Cases, die bei hinreichendem Reifegrad der Organisation irgendwann relativ automatisiert ablaufen kann und ablaufen sollte, liegt die hohe Kunst beim Betrieb einer CDP darin, das Erreichte regelmäßig und konsequent zu hinterfragen: Funktioniert das, was wir gestern getan haben, heute noch genauso gut? Gibt es Optimierungspotenziale und wenn ja, wie sind diese im Verhältnis zu anderen Ideen auf der „langen Liste" zu bewerten? Welche Priorisierung können daraus für das Team abgeleitet werden? Um sich hier ein waches Auge zu bewahren, sollten folgende Punkte besondere Beachtung finden:

- ROI sowohl der Ad-hoc- als auch der Automatisierungskampagnen, auch im Zeitverlauf,
- durchschnittlicher Umsatz pro Kauf (z. B. Bon, Online-Warenkorb oder Auftrag),
- Customer Lifetime Value und Customer Acquisition Costs,
- Churn Rate sowie
- ROI und Uplift des CDP-Programms in Gänze.

An dieser Stelle möchte ich ausdrücklich auf die eminente Wichtigkeit von Kontrollgruppen zur Bestimmung des Uplifts hinweisen, sowohl in Bezug auf die einzelnen Use Cases als auch auf ein ganzes Kommunikationsprogramm, das mithilfe der CDP realisiert wird (z. B. Newsletter-Marketing, CRM-Kommunikation, Loyalty-Programm etc.). Idealerweise bildet man für jede Aktivität stets eine Kontrollgruppe in der Größe von ca. 5 bis 10 % des Segments bzw. von mindestens 100 bis 200 Kunden, die zudem möglichst repräsentativ für das jeweilige Segment bzw. die gesamte Kundenbasis ist. Diese Kontrollgruppe wird anschließend von der betreffenden

Maßnahme bzw. vom Kommunikationsprogramm über entsprechende Bedingungen ausgeschlossen und kann somit später zu Vergleichszwecken herangezogen werden, um den Mehrwert der Maßnahmen nachzuweisen.

Zusammenfassung

Konkrete Aussagen zur Dauer der drei Phasen lassen sich nur schwerlich treffen. Dies ist von vielerlei Faktoren wie z. B. dem Einsatzzweck und dem Geschäftsmodell abhängig, nicht zuletzt aber auch von den vorhandenen personellen Ressourcen und deren Fähigkeiten sowie der bisherigen Arbeitsweise und wie stark diese bereits durch agile Prinzipien geprägt ist.

Als grobe Richtschnur empfehle ich auf Basis bisheriger Erfahrungen für das Ramping-up einen Zeitraum zwischen einem und drei Monaten und für das Benefitting einen Zeitraum von drei bis sechs Monaten. Insbesondere die Phase des Ramping-ups und des Benefittings lassen sich durch externe Unterstützung teilweise erheblich beschleunigen, da nicht davon ausgegangen werden kann, dass im Unternehmen bereits erfahrene CDP-Benutzer vorhanden sind, welche die unerfahreneren Mitarbeiter unterstützen und kurzfristig für Rückfragen zur Verfügung stehen können. Weiterhin sollten ambitionierte, dabei jedoch nicht überambitionierte, Ziele gesetzt und diese transparent kommuniziert werden.

Bei einer konsequenten Verfolgung des Phasenmodells sowie ausreichenden finanziellen und personellen Ressourcen steht meines Erachtens dem Erfolg eines CDP-Projektes nichts im Wege.

Exkurs: Auswirkungen auf die Organisationsstruktur und die Kultur

Wie ich eingangs festgestellt habe, kann eine CDP im Unternehmen nicht losgelöst betrachtet werden: Eine CDP stellt eine Lösung dar, die bei der Erreichung unternehmensbezogener Ziele und bei der Umsetzung einer Strategie unterstützen kann. Voraussetzungen sind also klare Ziele und eine Digitalstrategie. Zudem muss im Unternehmen ein Mindset vorherrschen, das sich die Kundenorientierung auf die Fahnen geschrieben hat. Denn allein durch den Einsatz einer Softwarelösung in Form einer CDP wird ein Unternehmen nicht datengetriebener werden.

Weiterhin ist es eine Binsenweisheit, dass Strategien bzw. Änderungen an der Strategie auch Veränderungen in der Aufbauorganisation mit sich bringen („structure follows strategy"). In Zusammenhang mit der Implementierung einer CDP dürfen in diesem Kontext zwei Fehler nicht passieren:

- eine radikale Umstrukturierung der Aufbauorganisation des Unternehmens, oder aber
- der Versuch, alles „irgendwie" mit der bestehenden Aufbaustruktur zu bewerkstelligen.

Vielmehr ist es notwendig, den Reifegrad des Unternehmens schrittweise zu erhöhen. Zu Beginn der Einführung einer CDP ist im schlechtesten Fall davon auszugehen, dass die einzelnen Kanäle von unterschiedlichen Teams mit jeweils eigenständigen Technologien bedient werden. Eine Integration ist nicht vorhanden, was dazu führen kann, dass der Kunde mitunter auch unterschiedliche Botschaften über die einzelnen Kanäle erhält. Mit der CDP ist nun aber eine einheitliche technologische Lösung vorhanden. In der Folge sollte eine Zielstruktur angestrebt werden, bei der entweder die einzelnen Teams zentriert sind oder aber zumindest ein Austausch zwischen den einzelnen Teams möglich ist. Nur so ist sichergestellt, dass dem Kunden eine einheitliche Kundenreise geboten wird.

Die bisherigen Ausführungen haben deutlich gemacht, dass die Einführung und die Inbetriebnahme einer CDP nicht ausschließlich ein Software-Thema ist. Vielmehr wurde deutlich, dass auch die Aufbauorganisation des Unternehmens betroffen ist: Eine CDP, so die Kernaussage, kann nicht ihr volles Potenzial entfalten, wenn die Nutzer der unterschiedlichen Bereiche nicht miteinander reden. Zudem muss man sich die Frage stellen, wie sich Multi-Brand-Unternehmen mit unterschiedlichen Datentöpfen, die oftmals nicht geteilt werden sollen, organisatorisch aufstellen sollen. Und damit sind wir auch bei der Unternehmenskultur angekommen: Eine Kultur, die bspw. Bereichsegoismen wie das „Sitzen auf Daten" zulässt bzw. nicht sanktioniert, ist für den Betrieb einer CDP nicht förderlich. Positive Auswirkungen besitzt dahingegen eine offene Unternehmenskultur, die sowohl den formellen als auch den informellen Austausch zwischen Bereichen unterstützt. Sichtbare Manifestation einer solchen Kultur sind z. B. Großraumbüros oder Kommunikationsflächen in Unternehmen.

In Zusammenhang mit der Unternehmenskultur ist auch der Aspekt der Data Literacy zu nennen. Data Literacy können wir mit Datenkompetenz übersetzen, was die Fähigkeit bezeichnet, Daten zu sammeln, zu analysieren, zu verändern, zu interpretieren und zu präsentieren. Da diese Fähigkeiten aus unterschiedlichen Disziplinen wie bspw. der Statistik oder der Mathematik stammen, sich auch auf persönliche Eigenschaften beziehen und zudem auch mit der Einstellung des Einzelnen zu tun haben, kann die Datenkompetenz nicht einfach bzw. ausschließlich durch Weiterbildungen oder die Einstellung von Datenexperten erhöht werden. Weiterbildungen leisten zwar einen Beitrag, aber haben keinen oder nur einen geringen Einfluss auf die persönlichen Eigenschaften oder Einstellungen. Insofern stellt die Erhöhung der Data Literacy einen länger andauernden Prozess im Unternehmen dar, der aber nicht nur für die digitale Transformation im Allgemeinen, sondern auch für die erfolgreiche Nutzung einer CDP im Speziellen notwendig ist.

Weiterhin ist zu berücksichtigen, dass eine CDP zwar helfen kann, die Kundenorientierung zu fördern und das Kundenerlebnis zu verbessern. Aber auch dies kann nur dann wirklich wirksam werden, wenn die Kundenorientierung ein fester Bestandteil der Unternehmenskultur ist und auch gelebt wird. Eine CDP per se führt nicht zu einer besseren Kundenorientierung oder einem besseren Kundenerlebnis. Vielmehr braucht es Menschen, die eine kundenorientierte Einstellung aufweisen und die CDP als Instrument nutzen und nutzen wollen, um ihrer Einstellung Taten folgen zu lassen.

5.7 Best Practices beim Arbeiten mit einer CDP

5.7.1 Organisatorische Best Practices beim Arbeiten mit einer CDP

Nachfolgend habe ich einige Erfolgsfaktoren aus bisherigen CDP-Projekten zusammengestellt, die dazu beitragen, dass die agilen Prozesse im Rahmen des Betriebs auch wie gewünscht funktionieren:

1. **Setze klare und transparente Ziele für das gesamte Team:** Dieser Punkt mag trivial erscheinen, aber es passiert tatsächlich nicht selten, dass dieser zentrale Schritt ausgelassen oder nur halbherzig angegangen wird. Insbesondere dann, wenn mehrere, ehemals unverbundene Abteilungen im Rahmen eines CDP- oder Transformationsprojekts stärker zusammenwachsen müssen, ist es zunächst häufig schwer, sich vom bisherigen Silo-Denken und den zugehörigen Silo-Zielen zu lösen und sich stattdessen gemeinsam auf neue, bereichsübergreifende, kundenzentrisch ausgerichtete Ziele zu verständigen. Vielfach mündet dies darin, dass die bestehenden Ziele der Bereiche in einem Topf zusammengeworfen werden und man anschließend versucht, die Quadratur des Kreises zu konstruieren. Um diesen Fehler nicht zu begehen, sollten folgende Maßnahmen ergriffen werden:
   – Implementiere regelmäßige Zielsetzungs- und Review-Meetings, z. B. im Rahmen eines Quartalsplanungs- oder OKR-Prozesses. Zu diesen Terminen werden Teilnehmer aus allen betroffenen Bereichen eingeladen.
   – Stelle sicher, dass in diesen Terminen auch übergeordnete Ziele definiert werden, die für alle Beteiligten sinnvoll und konfliktfrei auf den jeweiligen Bereich adaptierbar sind.
   – Involviere die Teilnehmer aktiv in den Zielsetzungsprozess; einerseits, um mehr Akzeptanz des Teams sicherzustellen, und andererseits, um sich von althergebrachten Top-down-Management-Strukturen zu lösen. Das ist für die Mitarbeiter anfangs zwar oft eine Herausforderung, schlussendlich aber auch eine großartige Chance für die individuelle Entwicklung und mehr Mitarbeiterzufriedenheit.
2. **Verankere Meetings zur Generierung von Geschäftshypothesen und neuen Ideen auf Basis der vereinbarten Ziele im Arbeitsalltag der Teams und schaffe ein Forum für die Bewertung, Priorisierung und Verbesserung der so erzeugten Ansätze:**
   – Stelle sicher, dass diese Meetings regelmäßig durchgeführt werden und dass die relevanten Stakeholder teilnehmen.

- Denke an Hypothesen und Use Cases stets vom Kunden ausgehend.
- Formuliere (mindestens) ein Ziel und das erwartete Ergebnis für jede Idee.
- Definiere, anhand welcher Metriken Erfolg oder Misserfolg der Maßnahme beurteilt werden.
- Priorisiere nach dem höchsten zu erwartenden Ergebnis.
- Berücksichtige, dass das Ergebnis nicht immer monetär sein muss.
- Gehe ergebnisoffen in die Auswertung.

3. **Nimm das Thema Agilität ernst:** Teste die aufgestellten Hypothesen gemäß dem Motto „fail fast, learn fast" stets mit minimalem Aufwand (Stichwort: MVP) und investiere im Anschluss nur in den Ausbau nachweislich erfolgversprechender Ansätze (Signifikanztestung der Ergebnisse bitte nicht vergessen!). Wichtig: Kehre Misserfolge und Hypothesen, die nicht den erwünschten Erfolg gebracht haben, hierbei nicht einfach unter den Teppich und lasse Dich nicht entmutigen. Vielfach sind gerade Erkenntnisse, dass etwas nicht so funktioniert, wie man es erwartet hätte, die wertvollsten Learnings, durch die Du z. B. Dein Budget schlussendlich mit viel besserer Rentabilität einsetzen konntest. Zudem solltest Du in dieser Hinsicht einkalkulieren, dass konsequente Agilität – wie alles andere – ebenfalls Zeit braucht und zunächst einmal gelernt werden muss.

4. **Dokumentiere Deine Ergebnisse – strukturiert:** An dieser Stelle versucht man häufig, Zeit für die Umsetzung anderer Themen einzusparen. Es hilft Dir und dem Veränderungsprozess aber nichts, wenn die erzielten Erfahrungen sich nur in den Köpfen derjenigen Mitarbeiter befinden, die die betreffende Maßnahme durchgeführt haben. Halte zusätzlich zum erwarteten Ergebnis Deiner Tests stets auch die Ergebnisse nach und organisiere Deine Lernerfolge in einer für das gesamte Team zugänglichen (und nutzbaren) Form.

5. **Sorge für Außenwahrnehmung im Unternehmen:** CDP-Projekte sind häufig unter den ersten Schritten einer Organisation auf dem Weg zu mehr Kundenzentriertheit und datengetriebener Entscheidungsfindung. Die Lerneffekte, die Deine Teams im Umgang mit dem neuen Tool und den neuen Arbeitsweisen erzielen, können zudem als Beschleuniger für die Veränderung in anderen Abteilungen und der Unternehmung insgesamt fungieren. Zudem nützt eine solche Außendarstellung Deiner Sache, indem sie eine positive Wahrnehmung des Projekts und seines nachhaltigen Nutzens schafft. Du schlägst auf diese Weise also zwei Fliegen mit einer Klappe.

6. **Die Teams benötigen Zeit und sollten bei der Adoption der neuen Arbeitsweise unterstützt werden:** Change-Management ist eine, wenn nicht sogar *die* zentrale Herausforderung jedes CDP-Projekts; und über Jahre erlerntes und verfestigtes Verhalten ändert man nicht über Nacht.

Es gibt eine Reihe von organisationsbedingten Fallstricken in Zusammenhang mit CDP-Projekten, denen man am besten aus dem Weg gehen sollte. Nachdem nun über die Vorbedingungen für den effektiven Betrieb einer CDP und die Hygienefaktoren in Bezug auf das Team-Management und die Organisationsstruktur Klarheit herrscht, widmen wir uns nachfolgend noch einigen allgemeinen Unwägbarkeiten, die ungeachtet dessen auftreten können. Im Speziellen sind dies:

- Die Frage nach der Datenhoheit,
- die Frage nach der „Tool Ownership" und
- die Frage nach der Budgetverantwortung.

CDP-Projekte haben in der Regel auch eine „Demokratisierung" der Kundendaten zum Ziel, d. h., dass unterschiedlichen Abteilungen ein einfacherer Zugang zu Daten ermöglicht wird und die Daten für verschiedene Aktivitäten nutzbar gemacht werden. Dies bedeutet in der Folge aber auch, dass kritische Fragen zur Qualität und Struktur der Daten zwangsläufig häufiger auftreten werden und allgemein mehr Transparenz über etwaige Missstände in den Daten hergestellt wird. Dies sieht für die bisherigen „Hüter der Daten" – ob nun für die betreffenden Missstände verantwortlich oder nicht – nicht sonderlich vorteilhaft aus, besonders nicht in der Wahrnehmung des Top-Managements. Dies wiederum kann im schlechtesten Fall zu Reaktanzen der IT- und/oder Data-Abteilung und in der Folge zu einem wenig partnerschaftlich geprägten Arbeitsmodus zwischen den Abteilungen führen.

Genau solche Entwicklungen sollten vermieden werden. Ziel muss es immer sein, so wenig wie möglich vor fremden Türen zu kehren und selbst mit gutem Beispiel voranzugehen. Meiner Ansicht nach sollten im Dialog mit den betroffenen Abteilungen Lösungen gefunden werden und erzielte Erfolge als kollektive Anstrengung präsentiert werden. Dadurch werden die Teams schneller und reibungsloser zusammenfinden und die Akzeptanz und Unterstützung für das Projekt sowie die Transformationsmaßnahmen, die notwendigerweise mit einem solchen Projekt einhergehen, werden deutlich steigen.

In diesem Zusammenhang sollte man sich auch vergegenwärtigen, dass das CDP-Projekt für die erwähnten Abteilungen typischerweise einen Kompetenz- und damit in gewisser Weise auch einen Machtverlust bedeutet. Eventuell wird das CDP-Projekt zudem in Teilen auch aus den Mitteln dieser Teams mitfinanziert, zumindest einmal in Bezug auf die benötigten Zulieferungen von IT und Data und die damit in Verbindung stehende Arbeitszeit der internen Ressourcen. In den wenigsten Organisationen wird ein solches Projekt daher gänzlich ohne merkliche „Verteilungskämpfe" abgewickelt werden können. Diese Verteilungskämpfe gipfeln nicht selten in der Frage nach der „Ownership" des neu eingeführten Tools und des mit ihm in Verbindung stehenden Budgets nebst des zugehörigen Headcounts, ggf. inklusive des CSEM.

Welcher Kostenstelle Deine CDP schlussendlich zugerechnet wird, ist für den erfolgreichen Betrieb einer CDP allerdings nicht entscheidend. Größeres Augenmerk sollte darauf gelegt werden, dass es nach der erfolgreichen Implementierung klar geregelte Verantwortlichkeiten für den Betrieb des Systems gibt und dass dedizierte Ressourcen für dessen technische Betreuung sowie die Wartung und Weiterentwicklung der Schnittstellen zum System allokiert sind. Denn: Wie bereits dargelegt, werden sich die Anforderungen an die Events und an das Datenmodell im Zeitverlauf mit Sicherheit verändern und das Unternehmen muss schnell und agil bleiben. Eine Möglichkeit, dies zu gewährleisten, besteht im Aufstellen interner Service Level Agreements (SLAs). In den SLAs kann festgelegt werden, innerhalb welcher Zeitspanne die IT auf Anfragen für Erweiterungen (Change Requests) von Datenlieferungen oder auf einen Fehler einer bestimmten Schwere-Stufe reagiert. Ein solches Vorgehen mag bürokratisch erscheinen, kann aber im Zweifelsfall viele Diskussionen ersparen und den betreffenden IT-Teams dabei helfen, Bandbreiten und Zeitbudgets zu planen.

5.7.2 Technische Best Practices beim Arbeiten mit einer CDP

Neben den organisatorischen Best Practices gilt es auch die technischen Aufgaben sorgfältig zu bewältigen, um den erfolgreichen Betrieb einer CDP sowie eine angenehme User-Experience mit dem Tool CDP gewährleisten zu können. Missstände wie eine uneinheitliche Benennung von Event-Attributen sowie redundante Implementierungen von Use Cases und Events können sehr schnell dafür sorgen, dass der CDP-Nutzer die Übersicht im Tool verliert. Dadurch kann der Nutzer nicht nur Optimierungspotenziale schwerer erkennen, sondern er kann auch eine Hemmschwelle für die Arbeit mit der CDP entwickeln, was die Akzeptanz der CDP innerhalb des Unternehmens beeinträchtigen kann.

Redundanzen in der Event-Struktur vermeiden
Um Redundanzen in der Event-Struktur zu vermeiden, ist es wichtig, sich während der Eventkonzeption und -implementierung an Best Practices zu halten. Im Rahmen der Konzeption von neuen Use Cases sollte stets die bestehende Event-Architektur berücksichtigt und dahingehend geprüft werden, inwiefern der geplante Use Case bereits mit der vorhandenen Event-Implementierung abgebildet werden

kann. Häufig werden in diesen Überlegungen System-Events, welche nicht explizit implementiert werden müssen, sondern automatisch von der CDP gespeichert werden, außen vor gelassen. Dazu zählen Seitenaufrufe (Page Views) sowie das Starten (Session Start) und Beenden (Session End) einer Browser-Session. Über diese Events lassen sich häufig Segmentierungen oder Bedingungen für einen Use Case bereits umsetzen, ohne dass eine explizite Implementierung neuer Events notwendig ist. Dadurch werden nicht nur Aufwand und Ressourcen für die Implementierung gespart, sondern die Event-Struktur wird übersichtlich und frei von Redundanz gehalten. Außerdem wird dadurch das gesamte Eventvolumen geschont, welches bei einigen CDP-Anbietern maßgeblich die Lizenzkosten bestimmt.

Automatische Datenlöschung sinnvoll nutzen

Einige CDPs bieten die Funktion an, Events nach einer frei definierbaren Zeitspanne zu löschen, um das Eventvolumen zu schonen und die Betriebskosten gering zu halten. In der Regel lässt sich der Speicherzeitraum auf Eventebene spezifizieren, sodass Events, deren Wert hauptsächlich in der Echtzeitnutzung liegt, wie bspw. Seitenaufrufe, früher automatisch gelöscht werden können als z. B. Kauf-Events, welche auch nach mehreren Monaten und Jahren noch für Segmentierungen relevant sein können. Außerdem lassen sich so bei Bedarf datenschutzspezifische Löschanforderungen leicht umsetzen und flexibel anpassen.

Einführung & Weiterführung einer Benennungskonvention

Fördernd für die User-Experience ist es zudem, sich bei der Konzeption von neuen Events an der Benennungskonvention bestehender Implementierungen zu orientieren, um ein einheitliches Bild beizubehalten. Im Optimalfall sollten die Eventnamen sofort offenlegen, um welche Aktion des Nutzers es sich handelt, d. h., der Name sollte „sprechend" sein (wie z. B. Order-ID als Bestellnummer). Dasselbe gilt für die Benennung der Informationen, die zusammen mit dem Event an die CDP übertragen werden.

Hierbei ist zusätzlich darauf zu achten, dass die Benennung für die gleiche Information über alle Events hinweg identisch bleibt. So sollte bspw. die Nummer einer Bestellung im Kauf-Event nicht Purchase-ID genannt werden, während diese in einem Storno-Event die Order-ID ist. Dies erschwert es, intuitiv Segment- oder Journey-Bedingungen aufzustellen, welche die genannten Events miteinander verknüpfen sollen.

Um zukünftigen Aufwand und wiederkehrende Abhängigkeiten von der IT zu minimieren, ist es weiterhin ratsam, sich bei der Event-Konzeption nicht ausschließlich auf Informationen zu konzentrieren, welche unmittelbar zur Realisierung des geplanten Use Cases beitragen. Stattdessen ist es ratsam, zukunftsorientiert zu konzipieren und sich dabei folgende Fragen zu stellen:

- Welche Informationen sind an diesem Touchpoint zusätzlich verfügbar?
- Welche Informationen könnten für weitere Use Cases benötigt werden?
- Welche Aspekte könnten für zukünftige Segmentierungen oder Optimierungen eine Rolle spielen?
- Anhand welcher Daten soll zukünftig ggf. personalisiert werden?

Werden diese Leitfragen bei der Erstellung des Events berücksichtigt, so ergibt sich zwar eine große Menge an zunächst ungenutzten Informationen, welche die IT bereitstellen und an die CDP übertragen muss, allerdings hat der Endnutzer anschließend eine hohe Flexibilität innerhalb des Tools, um zukünftig ohne erneute Einbindung der IT Use Cases optimieren und neue Cases entwickeln zu können.

Gruppierung & Labeling effektiv nutzen

Nach der erfolgreichen Umsetzung des MVPs, welcher in der Regel einen begrenzten Rahmen mit den wichtigsten Implementierungen und Use Cases erfasst, gilt es, in der Folge die Implementierungen hinsichtlich der Events auszuweiten. In diesem Zuge sollte die CDP den Mitarbeitern nähergebracht werden, sodass diese die CDP in ihre tägliche Arbeit integrieren und das neu geschaffene Potenzial ausschöpfen können. Umso wichtiger ist es dann, dass sich die Nutzer auch in den von ihren Kollegen erstellten Inhalten gut zurechtfinden können. CDPs bieten in der Regel Gruppierungs- und Labeling-Funktionalitäten sowie weitere Möglichkeiten zur Dokumentation innerhalb des Tools an, welche bei sinnvoller und konsistenter Nutzung die User-Experience deutlich verbessern können. Somit sollte man sich beim Erstellen neuer Use Cases und Events stets die Frage stellen, in welche Kategorie oder in welche Gruppe der Use Case oder das Event fällt, und dies im Tool hinterlegen und dokumentieren.

Übergabe an die IT & Dokumentation

Ebenso wichtig wie die Optimierung der User-Experience ist es, die Implementierungsanforderungen so umfassend und präzise wie möglich an die IT zu übergeben. Folglich sollten nicht nur die benötigten Informationen angefragt, sondern idealerweise sollte ein spezifizierter Code übergeben werden, aus dem ersichtlich ist, um welche Programmiersprache und um welche Datentypen es sich bei den einzelnen Informationen handelt. Ein nahezu „copy-paste" funktionsfähiger Code-Block beugt zwar zahlreichen Verständnis- und Detailfragen der Entwickler vor, erfordert aber auch entsprechendes technisches Fachwissen auf Seite der Anforderer bzw. Nutznießer der CDP. Außerdem sollten stets alle Aspekte in die Übergabe inkludiert werden, welche notwendig sind, um die Kommunikation vom Quellsystem zur CDP sicherzustellen. Dazu zählen neben dem Authentifizierungsprozess auch die Übergabe entsprechender technischer Details wie des Tokens, der die CDP-Instanz identifiziert, sowie der API-Endpunkte und Authentifizierungsschlüssel, welche es ermöglichen, eine Verbindung mit der CDP-Instanz des Unternehmens herzustellen. Ebenso wichtig ist es, die einzelnen Quellen zu definieren. Dadurch wird verhindert, dass die Entwickler andere Datenquellen als die vom Anwender identifizierten heranziehen.

Um Fragen der Entwickler vorzubeugen, bietet es sich an, die definierten API-Calls in den CDP-Kontext einzuordnen, sodass dem Entwickler klar ist, welcher API-Call welchen Einfluss in der CDP hat. Besonders relevant ist hierbei, dass die Unterscheidung zwischen der Erstellung und der Aktualisierung von Nutzerprofilen einerseits und dem Senden von Events andererseits klar überbracht wird. Dies ermöglicht es, dass der Entwickler nicht nur den Code umsetzt, sondern während der Umsetzung mitdenken und ggf. Inkonsistenzen im Tracking aufdecken kann. Ebenso ist es bei diesem Arbeitsschritt hilfreich, die wichtigsten Dokumentationen zur CDP zu referenzieren, sodass der Entwickler bei Unklarheiten einen Anknüpfungspunkt besitzt.

Darüber hinaus sollten Use Cases und insbesondere die Events vollumfänglich dokumentiert werden. Kernbestandteil der Dokumentation eines Use Case ist es, die Business-Logik der Segmentierung sowie der Journey klar zu definieren und in eventbezogene Konditionen zu überführen, welche eins zu eins in der CDP angelegt und umgesetzt werden können. Dadurch wird verhindert, dass in der CDP technische Set-ups entstehen, welche für Nutzer, die nicht in die jeweilige Erstellung involviert waren, nicht lesbar bzw. verständlich sind. Bei der Dokumentation von Events sollte der Geschäftsbezug auf Informationsebene ebenfalls hergestellt werden, sodass ersichtlich ist, welches Event-Attribut welche Information beinhaltet. Des Weiteren sollten auch folgende technische Aspekte dokumentiert werden:

- Quelle der Information (ggf. DataLayer-Event + Attribut),
- Datentyp sowie
- Ausprägungsbeispiele.

Für die Dokumentation eines Events ist es zudem notwendig, festzuhalten, wann das Event gesendet werden soll, bzw. anders ausgedrückt: Was ist der Auslöser? Auslöser können Aktionen des Nutzers auf der Plattform wie bspw. ein

Button-Klick sein, die bei Frontend-Events in der Regel sofort einem DataLayer-Event zugeordnet werden können. Aber auch Aktionen, die im Backend registriert werden, können als Auslöser dienen. Beispiele hierfür sind die Erstellung des Kundenaccounts, nachdem der Kunde sich über die Plattform registriert hat.

Priorisierung & Testing
Die Erweiterung der Event-Struktur sollte sich wie alle IT-Projekte ebenfalls an einem agilen Prozess wie z. B. SCRUM orientieren. Dies bedeutet, dass Events hinsichtlich ihrer Relevanz und zeitlichen Dringlichkeit priorisiert werden müssen. Dadurch werden Events nicht parallel, sondern nacheinander implementiert, was dazu führt, dass schneller erste Resultate zu sehen sind und einzelne Implementierungen unabhängig voneinander getestet werden können. Durch die iterative Abarbeitung der Events wird außerdem die Fehleranfälligkeit der Implementierungen minimiert, da sich der Entwickler nicht gleichzeitig mit mehreren Triggern und Informationsquellen auseinanderzusetzen hat.

Wie bereits in Abschn. 5.5 geschildert, sollten sämtliche Implementierungen und Anpassungen ausschließlich in der CDP-Test-Instanz getestet und abgenommen werden. Erst, wenn die Qualität der Änderungen gesichert ist, sollte die Implementierung auf die Live-Umgebung ausgerollt werden. Andernfalls besteht die Gefahr, mit Realdaten zu interferieren und die Funktionalität der aktiven Use Cases zu beeinträchtigen. Insbesondere „stille" Fehler, wie bspw. das automatisierte Einbetten fehlerhafter Personalisierungen in E-Mails, welche durch das Deployment verursacht werden, lassen sich im Nachgang nur schwer identifizieren und beheben.

Kontinuierliches Performance-Monitoring
Neben einer möglichst optimalen User-Experience sowie einer hochwertigen Anforderungsübergabe an die IT ist ein kontinuierliches Monitoring der CDP-Performance für einen erfolgreichen Betrieb des Tools unabdingbar. Da die Plattformen, mit denen die CDP integriert ist, stets weiterentwickelt werden und neue Funktionen implementiert sowie alte Funktionen optimiert werden, können diese Eingriffe in den Code auf Drittsystemseite auch indirekte Auswirkungen auf die CDP-Implementierung besitzen. So kann es z. B. passieren, dass nach einer Plattform-Änderung bestimmte Informationen eines Events nicht mehr verfügbar sind oder Events überhaupt nicht mehr an die CDP gesendet werden. Auch können Auslöser in Form von Data-Layer-Events verändert worden sein, was zur Folge haben kann, dass das gesamte Frontend-Tracking lahmgelegt wird.

Um solche Änderungen schnell erkennen zu können und sofort handlungsfähig zu sein, ist es ratsam, ein Monitoring aufzusetzen, welches automatisiert relevante

Daten der CDP abfragt, die in einem Visualisierungstool wie Tableau oder Google Data Studio dargestellt werden. Hier sollte ein Hinweis eingebaut werden,
sodass der CDP-Tool-Owner sofort benachrichtigt wird, sobald eine Kennzahl
einen Schwellenwert unterschreitet. Eine Kennzahl kann im Rahmen von Use
Cases bspw. die Anzahl an versendeten E-Mails sein. Ein anderes Beispiel für
eine Kennzahl ist die Summe an Klicks, denn diese gibt darüber Aufschluss,
ob ein Problem mit Antwort-Daten vorliegt. Außerdem sollte das Volumen einzelner Events geprüft und dem Wert eines Vergleichszeitraums gegenübergestellt
werden. Treten bei dem Vergleich Diskrepanzen auf, so deutet dies auf einen
fehlerhaften Auslöser des Events hin.

In der Regel stellen CDPs eine Reihe von API-Endpunkten zum Export von
Nutzer- sowie Eventdaten bereit, welche die Realisierung solch eines automatisierten Monitorings relativ einfach ermöglichen. Vereinzelt bieten CDPs auch an,
sämtliche Daten, die in der CDP gesammelt werden, direkt in Datenbanken zu
schreiben, sodass diese im Unternehmen weiterverarbeitet werden können.

Vermeidung vom Parallelsystemen & manuellen Prozessen

Mit der Einführung einer CDP in die bestehende Systemarchitektur des Unternehmens ist es unausweichlich, dass die CDP Überschneidungen mit bestehenden
Systemen hinsichtlich der Funktionalitäten bzw. der Nutzung aufweist. Häufig
betrifft diese Redundanz Tools, welche bisher für den Versand der Marketing-
Kommunikation verantwortlich waren. Eine Integration des alten Systems mit der
CDP und der damit verbundenen automatisierten Kommunikation beider Systeme
ist in der Regel zu zeitaufwendig und verursacht Aufwand, welcher nach der Ablö-
sung des alten Systems obsolet wird, sodass dieser häufig eingespart wird. Dies führt
dazu, dass stattdessen temporär manuelle Prozesse genutzt werden wie bspw. eine
manuelle Consent-Synchronisierung via CSV-Uploads, was nicht nur zeitintensiv,
sondern auch fehleranfällig ist. Um die Fehlerquote zu minimieren, ist es wichtig,
die Phase des Parallelbetriebs so kurz wie möglich zu halten. In der Praxis fällt die
Priorisierung dieses Themas jedoch häufig niedriger aus, da mit der Migration nicht
unmittelbar neuer Mehrwert in Form von mehr Verkaufschancen oder mehr Käufen
generiert wird, sondern nur indirekt Vorteile in Form von Benutzerfreundlichkeit
und Kostenersparnissen erschlossen werden, wenn das alte System abgeschaltet
werden kann. Eine zu niedrige Priorisierung gilt es demnach zu vermeiden, indem
das Thema durch den Projektleiter bereits bei der Aufstellung des Projektplans
explizit miteinbezogen und auch während des MVP-Scopings berücksichtigt wird.

Abschn. 5.5 und 5.6 haben Dir jetzt einen guten Überblick über die Themen Implementierung und Betrieb einer CDP auf Basis der Erfahrungswerte von

valantic als technologie-agnostischen Partner gegeben. Neben den organisatorischen und technischen Herausforderungen solltest Du immer berücksichtigen, dass Du Deine Daten am besten kennst und auch die entsprechenden Ableitungen für Dein Geschäft, sodass der eigentliche Betrieb einer CDP in Deiner Hoheit liegen sollte. Implementierungspartner helfen Dir besonders in der initialen MVP-Implementierung und beim Aufsetzen der Strukturen und können als sinnvoller Sparringspartner bei der Weiterentwicklung von bestehenden und neuen Use-Cases helfen. Ich empfehle aber hier dringend, die Abhängigkeit zu reduzieren und die Eigenständigkeit Deines Unternehmens zu stärken!

Request for Proposal für die Auswahl einer CDP

6

Gastbeitrag von Christian Rödenbeck, Team Lead Audience and Data Activation bei Douglas

Zusammenfassung

Die Ausführungen zur Beschreibung eines Requests for Proposal (RfP) gliedern sich in drei Abschnitte: Im ersten Abschnitt wird der Ablauf eines idealtypischen RfP-Prozesses beschrieben. Die beiden folgenden Abschnitte setzen sich mit konkreten Kriterien für die Auswahl einer CDP auseinander: Im zweiten Abschnitt werden mit den primär anbieterbezogenen Kriterien die allgemeinen Rahmenbedingungen abgefragt. Der dritte Abschnitt umfasst primär softwarebezogene Auswahlkriterien.

6.1 Idealtypischer RfP-Prozess

▶ **Definition** Ein Request for Proposal (RfP) bezeichnet eine Aufforderung zur Angebotsabgabe. Diese Ausschreibung umfasst neben der allgemeinen Aufgabenstellung auch Spezifikationen des erforderlichen Leistungsumfanges. In diesem Rahmen werden interessierte Anbieter somit um ganzheitliche Lösungsvorschläge gebeten, die anschließend gegenübergestellt werden können (vgl. Natrapei, 2020). Neben dem Einsatzzweck und dem Integrationsansatz in der Technologielandschaft sollen zudem Features, Funktionen und Use Cases beschrieben, von den Anbietern beantwortet und von der prüfenden Instanz (=Unternehmen) bewertet werden.

6.1.1   Aufbau eines RfPs

Ein RfP sollte erwähnte Inhalte in Themengebieten am besten in einer Tabelle abfragen. Kategorien der Fragestellungen helfen bei der Organisation der Themen, die beleuchtet werden sollen. Tab. 6.1 zeigt, was in jedem RfP abgefragt werden sollte.

Tab. 6.1   Aufbau RfP

Themenbereich	Konkrete Fragen
Company-Profile (Informationen rund um den Anbieter)	
Sicherheits- und administrative Aspekte	
Architekturerläuterungen	Welche Lösung wird gesucht und wo soll sie (zunächst grob beschrieben) genutzt und in die eigene Technologieumgebung (Tech Stack) integriert werden
Spezifische Inhalte, die für das gesuchte Tool sinnvoll sind	
Use Cases	Folgende Fragestellungen sollten hierbei zusätzlich berücksichtigt werden: Welche Probleme soll das gesuchte Tool lösen? Welche Situation soll verbessert werden? Soll ein strategisches Ziel erreicht werden? Wenn ja welches?
Was ist das Ziel des Use Cases?	
Soll eine bestimmte Kennzahl o. Ä. mit dem Use Case verbessert oder minimiert werden?	Wenn ja, welche?
Was ist der erwartete Mehrwert der Use Cases?	
Was ist der erwartete Aufwand, um diesen Use Case umzusetzen?	Spezifische Merkmale, die für das gesuchte Tool sinnvoll sind, diese variieren je Tool/Software
Eine Timeline des Projekts	

6.1.2   Einsatz eines RfPs

Bewertung

Um eine Bewertung eines RfPs durchführen zu können, benötigt man eine Bewertungsmatrix.

Zum Beispiel kann man ein sog. Scoring je Fragestellung mit einem Einzelwert (0 bis 4, wobei 4 die höchste Wertung darstellt) und einem zusätzlichen Gewichtungsfaktor (ebenfalls 0 bis 4) durchführen. So kann eine Bewertung auf zwei Ebenen durchgeführt werden:

Zum einen eine Bewertung der einzelnen Frage oder des Use Cases und zum anderen kann durch den Gewichtungsfaktor die Wichtigkeit der Scoring-Wert besser und damit realistischer dargestellt werden. So kann effektiver und gezielter eine Bewertung durchgeführt werden.

Stakeholder-Management

Schon bei der Entwicklung eines RfPs sollten die relevanten Abteilungen, die dieses Tool bzw. diese Software einsetzen möchten, in Form einer Einführung abgeholt und zu deren Sichtweise, bzw. Use Cases befragt werden. Dieser Punkt ist nicht zu vernachlässigen, da sonst eine sehr gute Ausschreibung aus nur einer einzigen Sichtweise nicht zum Erfolg im Unternehmen führen kann.

Die Fachabteilungen wissen dann, wofür man die Ausschreibung macht, und können gezielte Informationen zur Verfügung stellen und sogar das neue Tool finanziell sponsern.

Timeline und Milestones

Ein Einkauf eines Tools ist nicht nur Sache der Stakeholder bzw. Fachabteilungen, sondern auch Sache der IT und der Legal-Abteilung.

Deshalb sollte man frühzeitig mit diesen Abteilungen sprechen und die Wichtigkeit klar definieren. So können Ressourcen angemeldet und zur Verfügung gestellt werden.

Die Planung und der Einbezug der Abteilungen entscheiden zu einem Großteil sowohl die Timeline als auch Milestones, sonst können Tooleinführungen sich zeitlich hinziehen oder im schlimmsten Fall anders entwickeln.

Informationsquellen

Eine generell gute Informationsquelle für eine Customer Data Platform ist das CDP Institute (https://www.cdpinstitute.org/). Dort wird nicht nur beschrieben, welche Arten von CDPs über eine Vielzahl der Anbieter klassifiziert wurden, sondern es gibt zudem eine Möglichkeit, sowohl Use-Case- als auch RfP-Vorlagen zu den eigenen Schwerpunkten erstellen zu lassen. Das hilft, das Wissen zu erweitern und gleichzeitig den richtigen Rahmen für eine solche Ausschreibung schnell und relativ unkompliziert zu setzen.

Unterstützung

Ein RfP zu einer CDP ist in vielerlei Hinsicht komplex, daher benötigt der Projektverantwortliche viel Unterstützung vom Sponsor (derjenige, der das Projekt monetär supportet); vom Management (das das Projekt verstehen und einordnen kann); von der IT, die ggf. einige Ressourcen bei der Integration zur Verfügung stellen muss; der Legal-Abteilung, die neben einem Gesamtverständnis, was eine CDP an sich ist, auch die Datenflüsse, – Speicherung (Ort etc.) prüfen muss, um Anbieter ggf. auszusortieren.

▶ **Tipp** Wem dieser Prozess zu komplex ist, keine geeigneten Ressourcen dafür im Unternehmen stellen oder aus Zeitgründen dies nicht leisten kann, dem stehen Berater und Agenturen zur Verfügung, die dieses Auswahlverfahren schon für eine Vielzahl von Unternehmen durchgeführt und ein Tool zum Einsatz gebracht haben.

6.2　Anbieterbezogene Kriterien

Die anbieterbezogenen Kriterien lassen sich in fünf Bereiche unterteilen. Unternehmensbezogene Kriterien dienen dazu, eine Vorstellung von der Größe des Anbieters zu gewinnen und damit zu identifizieren, ob eine größenmäßige Passung zwischen dem Anbieter und dem eigenen Unternehmen gegeben ist. Die servicebezogenen Auswahlkriterien beziehen sich auf die Leistungen des Anbieters im Rahmen der Implementierung und des Betriebes der Software, insbesondere bei auftretenden Herausforderungen und Problemen. Der dritte Bereich bezieht sich auf Kriterien in Zusammenhang mit der Weiterentwicklung der Software. Aus diesen Fragen können Hinweise gewonnen werden, in welche Richtung der Anbieter die Lösung entwickelt und ob ggf. sogar das eigene Unternehmen, zumindest in einem gewissen Umfang, Einfluss auf die Weiterentwicklung nehmen kann. Die beiden letzten Bereiche beziehen sich auf die Leistung der Software sowie sicherheitsbezogene Aspekte.

Anbieterbezogene Kriterien

1. **Unternehmensbezogene Kriterien**
   - Umsatz des Unternehmens
   - Mitarbeiter des Unternehmens
   - Finanzierung des Unternehmens
   - Versicherungen (IT-Haftpflicht, Betriebshaftpflicht)
   - Vorhandene Zertifizierungen (z. B. ISO-Zertifizierung)
   - Referenzkunden meiner Größenordnung
2. **Servicebezogene Auswahlkriterien**
   - Möglichkeit der Vor-Ort-Unterstützung
   - Servicezeiten des Kundendienstes
   - Erreichbarkeit des Kundendienstes
   - Möglichkeiten der Online-Fehlerbehebung
3. **Kriterien in Zusammenhang mit der Weiterentwicklung der Lösung**
   - Aktualisierungszyklus der Software (Welcher Zeitraum liegt zwischen zwei Versionen?)
   - Inhaltliche Schwerpunkte der nächsten Releases
   - Analyse der Job-Angebots-Seite: Wo setzt das Unternehmen künftig die Schwerpunkte bei der Entwicklung?
   - Möglichkeit, Anregungen für die Entwicklung zu geben
   - Möglichkeit für kundenindividuelle Anpassungen vorhanden
   - Umsetzung der kundenindividuellen Anpassungen (Unternehmen/eigenes Personal)
   - Voraussetzungen für Betrieb in der Cloud
4. **Leistungsbezogene Auswahlkriterien**
   - Anzahl verarbeitbarer Stammdatensätze
   - Anzahl der Anfragen pro Monat
   - Spitzenlast für Anfragen pro Sekunde
   - Antwortzeiten der API
   - Verfügbarkeit der Lösung (% Up-Time)
   - Anzahl der pro Sekunde integrierbaren Datensätze
   - Erfolgt Datenverarbeitung in Echtzeit über die gesamte Lösung?
   - Zur Verfügung stehender Speicherplatz
   - Wie viele Datensätze kann die CDP insgesamt speichern?
   - Unterstützt die CDP dynamische Skalierung? Wie kann diese erfolgen?

– Wie gestalten sich ihre SLAs?
5. **Sicherheitsbezogene Auswahlkriterien**
   – Standorte der Server
   – Eckpunkte Sicherheitskonzept

6.3   Softwarebezogene Kriterien

In den folgenden fünf Unterabschnitten werden die Auswahlkriterien für die fünf Phasen des von mir definierten Datenzyklus (Collect, Understand, Decide, Automate, Execute) dargestellt.

6.3.1   Kriterien für die Phase „Collect"

Die Kriterien für die Phase Collect beziehen sich auf die Sammlung von Daten sowie deren Aufnahme in die CDP. Die Kriterien lassen sich in drei Bereiche unterteilen, die im Folgenden in jeweils eigenen Abschnitten dargestellt werden. Der erste Bereich bezieht sich dabei auf die zur Verfügung stehenden Datenquellen für die Sammlung von Daten. Der zweite Bereich umfasst Kriterien in Zusammenhang mit der Datenbereinigung, der Standardisierung sowie der Anreicherung von Daten. Insgesamt steht dabei die Qualität der Daten im Mittelpunkt der Betrachtung. Kriterien, die sich auf die Datenbank selbst beziehen, sind im dritten Abschnitt zusammengefasst. Im Mittelpunkt der Betrachtung stehen dabei die Bereitstellung der Plattform, die Realisierung des Zugriffs auf die Daten sowie deren Speicherung.

Der Bereich „Datenquellen"
Die folgende Aufzählung „Datenquellen" fasst die Kriterien für die Sammlung der Daten zusammen. Abgefragt wird dabei zunächst, welche Quellen grundsätzlich zum Anschluss an die CDP zur Verfügung stehen. Dabei bietet sich eine Unterscheidung zwischen Online und Offline-Quellen an. Neben der reinen Abfrage der anschließbaren Datenquellen kann auch hinterfragt werden, welche konkreten Daten einfließen. Ergänzt werden kann die Abfrage bspw. um eine Auflistung konkreter Systeme, die von Kunden des Anbieters in Zusammenhang mit den einzelnen Quellen genutzt werden. So kann bspw. hinterfragt werden, welche konkreten Cloud-Systeme (Amazon S. 3, Azure Blob Storage, Google Cloud Storage etc.) oder

Datenbanken die Kunden des CDP-Anbieters (Oracle, MySQL, PostgreSQL) nutzen. Bei den Offline-Quellen kann zusätzlich hinterfragt werden, in welcher Art und Weise Datenschutzbestimmungen eingehalten werden (bspw. bei der Integration von Quellen aus Kameras). Weitere Fragen in der Aufzählung beziehen sich auf das Vorgehen und den Ressourcenbedarf zum Anschluss neuer, unternehmensspezifischer Quellen sowie auf von der CDP durchgeführte Maßnahmen vor bzw. in Zusammenhang mit der Speicherung der Daten in das System (Aktualisierungshäufigkeit und Consent-Management).

Datenquellen

1. **Integrierbare Datenquellen**
   - Wie viele Quellen stehen für eine Integration zur Verfügung?
   - Welche Quellen können nativ an die CDP angeschlossen werden?
2. **Online-Quellen**
   - Website?
   - Tag-Manager?
   - Web Analytics?
   - Mobile SDK?
   - Mobile Attribution?
   - DMP?
   - E-Mail-Anbieter?
   - E-Commerce?
   - Support Center/Callcenter?
   - Social Media?
   - Cloud Storage and File Storage?
   - ERP?
   - Datenbanken?
   - Server?
   - API Endpoint?
   - Programming SDKs?
   - Von welchen der angeführten Quellen können Daten integriert werden?
   - Welche Daten werden jeweils in welcher Form gesammelt?
3. **Offline-Quellen**
   - Kamera?
   - Beacons?

– IoT OS
– Welche Daten werden jeweils in welcher Form gesammelt?
– Wie verhält es sich mit dem Datenschutz?
4. **Anschluss neuer Quellen**
   – Auf welche Art und Weise erfolgt ein Anschluss neuer Quellen?
   – Wer übernimmt das Anschließen?
   – Welcher Zeitbedarf resultiert für das Anschließen einer neuen Quelle durchschnittlich?
   – Sofern keine native Unterstützung für eine Quelle angegeben wird:
   – Wie erfolgt ein Anschluss dieser Quellen?
   – Wie lange benötigt der Anschluss neuer Quellen?
5. **Aktualisierungshäufigkeit**
   In welcher Frequenz werden die Daten in die CDP eingespeist?
6. **Consent-Management**
   Unterstützt die CDP Consent-Management?

Der Bereich „Datenqualität"

Die folgende Aufzählung zeigt diejenigen Kriterien, die für die Gewährleistung der Datenqualität (Datenbereinigung, Standardisierung, Datenanreicherung sowie die dafür notwendigen Prozesse und Tools) verantwortlich sind. Bezüglich der Datenbereinigung kommt es meines Erachtens besonders darauf an, ob vordefinierte Regeln vorhanden sind und diese ggf. eigene Regeln ergänzen können. Bei allen Kriterien kann weiterhin der Anbieter nachhaken, wie genau diese umgesetzt werden, also bspw. wie genau die Filterung oder die Anonymisierung vorgenommen wird. Der nächste Satz an Kriterien prüft, auf welche Art und Weise eine Standardisierung der Daten über eine Validierung und vordefinierte Regeln umgesetzt werden kann.

Datenqualität

1. **Datenbereinigung**
   – Existieren vordefinierte Regeln zur Datenbereinigung?
   – Können nutzerangepasste Regeln aufgestellt werden?
   – Können Daten vor der Integration gefiltert werden?
   – Besteht die Möglichkeit zur Anonymisierung bzw. Verschlüsselung oder Tokenization der Daten?

2. **Standardisierung**
   - Erfolgt ein User Agent Parsing?
   - Verfügt die CDP über die Fähigkeit zur Validierung von E-Mail-Adressen?
   - Verfügt die CDP über die Fähigkeit zur Validierung und Standardisierung von Adressen?
   - Unterstützt die CDP die Validierung nichtlateinischer Datensätze (z. B. griechisch, hebräisch, ...)?
   - Verfügt die CDP über vordefinierte Standardisierungsregeln?
   - Können nutzerangepasste Regeln zur Standardisierung hinzugefügt werden?
3. **Datenanreicherung**
   - Unterstützt die CDP die Umwandlung von IP-Adressen in Geo-Daten?
   - Unterstützt die CDP die Umwandlung von IP-Adressen in Unternehmensinformationen?
   - Beinhaltet die CDP eine eigene angeschlossene Datenbank, die zur Anreicherung genutzt werden kann?
   - Können benutzerdefinierte Regeln zur Anreicherung von Daten aufgestellt werden?
4. **Prozesse und Tools**
   - Wie oft finden die Prozesse zur Bereinigung/Standardisierung/Anreicherung statt?
   - Wie werden die entsprechenden Prozesse angestoßen und orchestriert?
   - Erlaubt die CDP einen Vergleich der Daten vor und nach der Bereinigung/Standardisierung/Anreicherung?
   - Können die ursprünglichen Werte beibehalten werden, anstatt sie zu ersetzen?
   - Erlaubt die CDP eine Integration von Tools wie Informatica, Talend o. Ä.?

Der Bereich „Datenplattform"

Die Datenanreicherung bezieht sich auf Möglichkeiten, die in der CDP gespeicherten Daten durch weitere Daten aus anderen Quellen zu ergänzen. Auch hier können bei Bedarf weitergehende Informationen abgefragt werden. Der vierte Bereich in der vorigen Aufzählung (Prozesse und Tools) hinterfragt das genaue Vorgehen zur Bereinigung, Standardisierung und Anreicherung von Daten.

Datenplattform

1. **Deployment**
   - Wie wird die CDP bereitgestellt (Saas, On-Premise)?
   - Falls die CDP On-Premise bereitgestellt wird: Welche Hard- und Software-Anforderungen bestehen?
   - Falls die CDP als SaaS-Lösung angeboten wird: In welchen Ländern werden Datenzentren betrieben?
   - Unterstützt das Produkt verschiedene Endpunkte rund um den Globus, um die Erfassungslatenz zu minimieren, insbesondere über das Web und mobile Anwendungen?
   - Wie unterstützt das System die Verwaltung mehrerer Regionen?
   - Wie viele Umgebungen werden für das System bereitgestellt (Dev, Staging, Production und wie können diese genutzt werden?
2. **Datenzugriff**
   - Nutzt die CDP „Schema-on-Write" oder „Schema-on-Read" beim Speichern der Daten in der Datenbank?
   - Sofern „Schema-on-Write" genutzt wird: Ist ein Wechsel auf „Schema-on-Read" vorgesehen und möglich?
   - Erlaubt die CDP einen Zugriff auf die Rohdaten über SQL? Wie erfolgt der Zugriff?
   - Wie sieht das Datenmodell der CDP aus?
   - Eine Beendigung des Vertragsverhältnisses angenommen: Können die in der CDP gespeicherten Daten exportiert werden?
3. **Datenspeicherung und Skalierbarkeit**
   - Wie lange werden die Daten in der CDP gespeichert?
   - Unterstützt die CDP die automatische Löschung von Daten, wenn ein Ablaufdatum für die Speicherung angegeben wird?

6.3.2 Kriterien für die Phase „Understand"

Die zweite Phase des Datenzyklus bezieht sich auf die Analyse der gesammelten Daten mit der Zielsetzung, Erkenntnisse zu gewinnen sowie den Kunden und dessen Bedürfnisse zu verstehen. Insofern bezieht sich der erste Bereich auf die Profilverwaltung sowie die Zusammenführung von Profilen zu Segmenten. Bei der Profilverwaltung ist es meiner Erfahrung nach zunächst wichtig zu verstehen, ob die CDP ein vordefiniertes Datenmodell nutzt oder auch ein eigenes Datenmodell Verwendung finden kann. Von Interesse sind weiterhin der Umgang mit Attributen durch die CDP sowie die Verwaltung, wenn ein Unternehmen Märkte in unterschiedlichen Ländern bedient. Bezüglich der Kundensegmente zielen die Fragen auf den Aufbau, die Verwaltung sowie die Möglichkeit zum Export ab.

Profilverwaltung und Segmentierung

1. **Profilverwaltung**
   - Weist die CDP ein vordefiniertes Datenmodell auf oder kann ein eigenes Datenmodell verwendet werden?
   - Gibt es eine Obergrenze für die Anzahl der pro Kunde hinterlegten Attribute?
   - Gibt es eine Obergrenze für die Anzahl der pro Kunde hinterlegten Verhaltensweisen?
   - Wie werden neue Attribute oder Verhaltensweisen in die CDP aufgenommen? Treten Unterbrechungen auf, wenn neue Attribute oder Verhaltensweisen zur CDP hinzugefügt werden?
   - Bei mehreren Marketingteams in unterschiedlichen Ländern: Wie werden die Zielgruppen pro Land verwaltet und existiert eine einheitliche Datenverwaltung für alle Länder?
   - Wie groß ist die größte Zielgruppe, die mit der CDP bisher erstellt bzw. verwaltet worden ist?

2. **Kundensegmentierung**
   - Wie werden Kundensegmente/Audiences über die Nutzeroberfläche der Software erstellt? Welche Fähigkeiten sind dazu notwendig?
   - Gibt es eine Obergrenze für die Anlage von Kundensegmenten? Wie wird eine hohe Anzahl an Segmenten verwaltet?
   - Wie unterstützt die CDP bei der Verwaltung von Segmenten, die von unterschiedlichen Teams des Unternehmens erstellt worden sind?
   - Können Kunden gruppiert werden (z. B. Haushalte, Fußballvereine, Wohngemeinschaften …)?
   - Können Abhängigkeiten innerhalb dieser Gruppen identifiziert werden (z. B. Familie: Wer trifft Entscheidung, wer kauft, wer bezahlt?)?
   - Können Segmente auf Basis bereits existierender Segmente erstellt werden?

- Kann die CDP Segmente nicht nur aus Kundenattributen, sondern auch aus kombinierten Verhaltensweisen aufbauen?
- Nutzt die CDP KI zum Vorschlagen weitere Kundensegmente?
- Welche Daten über die Kundensegmente können exportiert werden? In welchen Formaten kann exportiert werden?

Weitere Kriterien für die Phase „Understand" beziehen sich auf die in der CDP hinterlegten Möglichkeiten zur Analyse. Die folgende Aufzählung fragt eine Reihe von Standardanalysen ab, diese können jedoch um Fragen zu unternehmensspezifischen Auswertungen ergänzt werden.

Analytics – Welche Analysen kann die CDP durchführen?

- Attributionsanalyse über mehrere Kanäle hinweg?
- CLV für jeden Kunden berechnen?
- RFM-Analyse für jeden Kunden durchführen?
- Identifizierung von Zweit-/Wiederkäufern?
- Analyse der Kundenabwanderung?
- Look-a-like-Modellierung?
- Customer-Journey-Analysen?

Viele CDPs nutzen die Möglichkeiten intelligenter Algorithmen zur Gewinnung von Erkenntnissen über die Kunden. In diesem Zusammenhang sollte zunächst abgefragt werden, ob die CDP überhaupt KI-basierte Funktionalitäten nutzt, und wenn ja, welche Analysen dadurch umgesetzt werden können (z. B. Vorhersage der Kaufneigung, Vorhersage der Themenaffinität von Kunden oder deren Abwanderungswahrscheinlichkeit). Die beiden übrigen Kriterienbereiche beziehen sich auf die Möglichkeiten zur unternehmensspezifischen Anpassung von Modellen bzw. zur Integration eigener Algorithmen in die CDP.

RfP – Künstliche Intelligenz

1. **KI-Fähigkeit**
   Unterstützt die CDP KI-basierte Funktionalitäten?
2. **Vorhersagefähigkeit**

Besitzt die CDP KI-basierte Algorithmen, um Vorhersagen zu fol-
genden Aussagenbereichen zu machen:
– Kaufneigung
– Themenbereiche/inhaltliche Kategorien
– Produktempfehlungen
– Kundenabwanderung
– Clusterung von Kunden
3. **Prädikative Modelle und Ergebnisse**
– Wie oft werden die Modelle für die ML-basierte Funktion aktuali-
siert?
– Erlaubt die CDP die Erstellung unternehmensspezifischer prädiktiver
Modelle? Wie kann diese Anpassung erfolgen?
– Verfügt der Anbieter über Ressourcen, neue, unternehmensspezifi-
sche KI-Modelle auf Kundenanfrage hin zu erstellen?
– Können die Vorhersageergebnisse in andere Systeme importiert wer-
den?
4. **„Bring your own Algorithms and Data"**
– Ist es möglich, eigene ML-Algorithmen sowie Daten in die CDP
einzubringen?
– Falls dies möglich ist: Wie ist der Ablauf hierzu?
– Sind in der CDP Schnittstellen für Programmiersprachen und Analy-
seprogramme vorhanden (Python/R/SAS/SPSS)?
– Unterstützt die CDP ML-Frameworks wie Scikit-Learn, TensorFlow
o. Ä.?

Auch hinsichtlich des Reportings sollte meiner Ansicht nach abgefragt werden, welche Berichte im System bereits standardmäßig hinterlegt sind und
ob ggf. eigene Reports bspw. über SQL-Anfragen erstellt werden können. Im
Hinblick auf die Standardreports kann der CDP-Anbieter nach detaillierteren
Informationen bspw. in Form von Screenshots gebeten werden.

Reporting

1. **Reporting und Dashboard**
– Verfügt die CDP über standardmäßige Berichts- und Dashboard-
Funktionalitäten?

- Welche Arten von standardmäßigen Berichten können ohne Anpassungsaufwand erstellt werden?
- Gibt es für die CDP bereits vorhandene, standardmäßige Reporting-Tools?
- Können BI-Tools wie bspw. Excel, Tableau, Power BI, Looker usw. integriert werden?

2. **Standard-Reporting**
   - Kann über die CDP eine 360°-Sicht auf den Kunden bzw. die vollständige Kundenreise angezeigt werden?
   - Verfügt die CDP über eine Ansicht, die die Statistiken/Merkmale für ein spezifisches Segment visualisiert?
   - Welche anderen Arten von Marketing-Analytik-Berichten können mit der CDP erstellt werden?

3. **Out-of-the-Box Reporting**
   - Welche Art von Diagrammen unterstützt das Out-of-the-Box-Reporting-Tool?
   - Welche Fähigkeiten sind für die Erstellung von Berichten erforderlich? Sind SQL-Kenntnisse erforderlich?

4. **Custom Reporting**
   - Verfügt die CDP über einen SQL-Zugriff auf die Daten im Backend für die Berichterstattung?
   - Wie viel Prozent der Nutzer verwenden benutzerdefinierte Berichte vs. Standardberichte?

6.3.3 Kriterien für die Phase „Decide"

Die folgende Aufzählung gibt einen Überblick über die für die Phase „Decide" des Datenzyklus relevanten Kriterien. Im Kern beziehen sich diese Punkte auf die Möglichkeit zur Aktivierung der durch Analysen gewonnenen Erkenntnisse entweder über die CDP selbst oder über angeschlossene Systeme.

Audience Activation und Multi-Channel-Campaign-Management

1. **Allgemeine Aspekte**

- Kann die CDP über eine einfach zu bedienende Oberfläche Zielgruppen in unterschiedlichen Systemen (z. B. E-Mail-Service-Provider, Werbung ...) aktivieren?
- Welche Fähigkeiten sind notwendig, um Zielgruppen in unterschiedlichen Systemen zu aktivieren?
- Über wie viele Integratoren verfügt die CDP zur Aktivierung von Zielgruppen? Handelt es sich um Einweg- oder Zweiweg-Integrationen?
- Von wem (Hersteller, Nutzer, Agentur, Systemintegrator) können neue Aktivierungsziele hinzugefügt werden? Wie lange würde dies dauern?
- Falls neue Systeme hinzugefügt werden sollen (welche Systeme), wie gestaltet sich der Prozess? Wie lange dauert dies und wer kann dies umsetzen?
- Wie oft wird die Zielgruppe (z. B. Teilmenge von E-Mail-Adressen) an das Aktivierungsziel gesendet (Echtzeit, d. h. innerhalb von weniger als drei Sekunden; innerhalb von Minuten, stündlich, täglich, wöchentlich, monatlich)?

2. **Integration**

   Welche der folgenden Systeme sind für eine Aktivierung der Daten integriert:
   - E-Mail-Service-Provider?
   - Web Personalization oder Systeme für A/B-Testing wie bspw. Adobe Target?
   - Werbeplattformen wie bspw. Google, Criteo, TTD (The Trade Desk)?
   - Social-Media-Werbeplattformen wie bspw. Facebook, Twitter oder Snapchat?
   - Data-Management-Plattformen (DMPs)?
   - E-Commerce-Plattformen?
   - Support-Center- oder Callcenter-Anwendungen?
   - Cloud-Storage wie z. B. Amazon S. 3, Azure (Blob Storage, Google Cloud Storage etc.) sowie Anwendungen zur Dateisicherung (Dropbox, Box, SFTP)?
   - Datenbanksysteme wie z. B. (Oracle, MySQL, PostgreSQL etc.)?
   - REST/SOAP API-Endpoints?

3. **Multi-Channel-Campaign-Management**

- Bietet die CDP eine Benutzeroberfläche für die Erstellung von Multi-Channel-Kampagnen?
- Falls ja, welche nutzerseitigen Fähigkeiten sind hierzu erforderlich?
- Ermöglicht die CDP die Einrichtung von Kampagnen durch den Nutzer?
- Können über die CDP Kunden zu Kampagnen zugewiesen werden? Falls ja, auf welche Art und Weise erfolgt die Zuweisung (z. B. über Triggerereignisse, Auswahlregeln, manuelle Zuweisung o. Ä.)?
- Bietet die CDP ereignisgesteuerte Aktivierungen, z. B. Ladenbesuch, Warenkorbabbruch, Anruf beim Callcenter o. Ä.?
- Kann der Nutzer Kampagnensequenzen definieren? Können diese Sequenzen dynamisch auf Grundlage des Kundenverhaltens angepasst werden? Optimiert die CDP den Kampagnenablauf auf der Grundlage früherer Daten?
- Kann die CDP Kampagnen über mehrere Kanäle während des gesamten Kundenlebenszyklus koordinieren?
- Kann die CDP die Kampagneneffektivität messen? Wie misst die CDP die Kampagnenergebnisse oder die Wirksamkeit?
- Kann die CDP Berichte über Kampagnen bereitstellen? Welche Berichte werden über die Kampagnen erstellt?

6.3.4　Kriterien für die Phase „Automate"

Der zentrale Aspekt der Phase „Automate" bezieht sich auf die Beantwortung der Frage, welche Vorgänge in welcher Form automatisiert werden können. Automatisierung in Zusammenhang mit einer CDP bezieht sich im Kern auf die Identity Resolution, also die automatisierte Zusammenführung einer Vielzahl an Daten sowie die Auflösung dieser Daten über einen Identifier, um dadurch einen Kunden eindeutig identifizieren zu können. Die folgende Aufzählung differenziert das Vorgehen zur Identity Resolution in zwei Bereiche.

Der erste Bereich bezieht sich auf die Möglichkeiten der CDP zur Gewinnung dieser eindeutigen Identifier, also z. B. über den IDFA (Identifier for Advertisers) bzw. die Android-ID im Mobile-Bereich sowie das Vorgehen der CDP zur Generierung des „Golden Record". Der zweite Bereich hinterfragt, wie die CDP die Kundendatensätze vereinheitlicht. Dabei werden die in Kap. 2 angeführten Möglichkeiten (deterministischer Ansatz, probabilistischer Ansatz …) angeführt. Weiterhin werden die Möglichkeiten der CDP im Hinblick auf das

Stitching hinterfragt. Stitching ist die zweifelsfreie Identifizierung eines Nutzers, der bspw. verschiedene mobile Endgeräte zur Interaktion mit dem Unternehmen nutzt. Stitching steht im Gegensatz zum sog. Fuzzy Matching, bei dem nicht die exakte Zeichenfolge als Suchkriterium zugrunde gelegt werden muss, sondern auch ähnliche Zeichenketten gefunden werden können.

Identity Resolution

1. **Gewinnung von Identifiern**
   - Können dem Browser über den JavaScript-Tag des Systems eindeutige First-Party-Cookie-IDs sowie Third-Party-Cookie-IDs zugewiesen werden? (Bei Zustimmung des Kunden?)
   - Können die Mobile SDKs die von unserer App gesammelten MAIDs (IDFA, Android-IDs) verwenden?
   - Ist die Anzahl der pro Kunde gespeicherten IDs begrenzt?
   - Wie geht die CDP vor, falls mehrere Kunden in ein- und demselben Haushalt wohnen?
   - Wie oft wird die ID-Resolution durch das System aktualisiert? (Echtzeit, d. h. innerhalb von weniger als drei Sekunden; innerhalb von Minuten, stündlich, täglich, wöchentlich, monatlich)?
   - Wie unterstützt die CDP bei der Generierung des „Golden Record", d. h. bei der Identifizierung der besten/richtigen Kontaktdaten des Kunden?
2. **Matching/Stitching**
   - Unterstützt die CDP die Vereinheitlichung von Kundendatensätzen durch deterministisches Matching?
   - Unterstützt die CDP die Vereinheitlichung von Kundendatensätzen durch fuzzy matching or distance measures? Falls ja, welche Algorithmen finden hierbei Anwendung?
   - Unterstützt die CDP die Vereinheitlichung von Kundendatensätzen durch probabilistisches Matching bzw. ML-Algorithmen? Falls ja, welche Algorithmen finden hierbei Anwendung?
   - Unterstützt die CDP einen geräteübergreifenden Abgleich? Falls ja, wie erfolgt dieser Abgleich? Werden hierzu Drittanbieter herangezogen?
   - Verknüpft die CDP alle Verhaltensweisen, nachdem die Kunden von anonym zu bekannt wechseln (=Back Stitching?)

– Erlaubt die CDP die Anwendung auch komplexer benutzerdefi-
nierter Stitching-Regeln? Falls ja, wie erfolgt dies und welche
Einschränkungen bestehen hierzu?

6.3.5   Kriterien für die Phase „Execute"

Bei der letzten Phase „Execute" stehen konkrete Use Cases im Mittelpunkt der
Betrachtung. Diese leiten sich aus der Unternehmens- bzw. Datenstrategie ab.
In der folgenden Aufzählung sind drei exemplarische Use Cases angeführt, die
sich auf die Orchestrierung der Kundenreise durch weitgehende Automatisierung sowie unterschiedliche Use Cases im Bereich Reporting und Aktivierung
beziehen.

Auswahl von Use Cases

1. **Orchestrierung der Kundenreise**
   – Eine Orchestrierung der Kundenreise bedeutet die Nutzung von
     gewonnenen Erkenntnissen sowie deren Integration und automatische
     Aktivierung in an die CDP angeschlossene Anwendungen.
   – Eine Aktivierung kann bspw. durch den Eintritt bestimmter Ereig-
     nisse oder bestimmter Zeitpunkte erfolgen.
   – In diesem Kontext kann der CDP-Anbieter gebeten werden auszu-
     führen, auf welche Art und Weise die CDP:
       die Zusammenarbeit mehrerer Sparten/Bereiche mit unterschied-
       lichem Produktangebot sowie
       das Zusammenwirken unterschiedlicher Marketing-Kanäle
           zur Entwicklung integrierter Multichannel-Programme unter-
       stützen kann.
2. **Reporting Use Cases**
     Wie kann die CDP bei folgenden Use Cases unterstützen:
   – Optimierung des CLV-Modells:
       Auf welche Weise kann das eigene CLV-Modell durch die gewon-
       nene 360-Grad-Sicht auf den Kunden verbessert werden?
   – Analyse von Abwanderungen:

Wann und in welchen Kohorten wandern Nutzer nach welcher Interaktion/Zeitspanne ab?

Kommen diese Nutzer irgendwann zurück?

Wie können diese Nutzergruppen reaktiviert werden?

- Affinität zu Marketingkanälen:

Welcher Marketingkanal hat die höchste Affinität für den Nutzer/Nutzercluster?

Wie empfänglich ist der Nutzer für welchen Marketingkanal?

- Inhaltliche Affinität:

Für welche inhaltlichen Formate ist der Nutzer bzw. das Nutzercluster empfänglich?

3. **Data Activation Use Cases**

Wie kann die CDP bei folgenden Use Cases unterstützen:

- Nächstbeste Kampagne:

Aufteilung Warenkorbabbrecher vs. Neukunden

Welcher Kanal soll welche Kampagne als nächstes für welche Nutzer ausspielen?

- Nächstbeste Produkte:

Können Erkenntnisse zu Tendenzen von Produktkäufen (welches Produkt zu welcher Tageszeit) zur Personalisierung genutzt werden?

Können Erkenntnisse zu Tendenzen von Produktkäufen zum Aufbau weiterer Modelle/zur Gewinnung weiterer Datenpunkte genutzt werden?

- Marken- & Kategorie-Affinitäten:

Können Erkenntnisse bzgl. der Affinität zu Marken und Kategorien genutzt werden, um ein scoring-basiertes Modell zur Bestimmung von Affinitäten aufgebaut werden?

- Geräteübergreifende Daten-Synchronisation:

Können Nutzer, die auf verschiedenen Geräten surfen, erkannt und mit personalisierten Nachrichten abgeholt werden?

Literatur

Natrapei, I. (2020). Wozu brauchen Sie ein RFP (Request for Proposal)? https://blog.hubspot.de/marketing/rfp. Zugegriffen: 2. Nov. 2022.

Spezialthemen und künftige Entwicklungen

7

Zusammenfassung

Das letzte Kapitel setzt sich mit spezifischen Themen sowie künftigen Entwicklungen im CDP-Bereich auseinander: Zero-Party-Data als Alternative zu First-Party-Daten und Third-Party-Daten, die Besonderheiten einer CDP für den B2B-Bereich sowie die Konvergenz traditioneller CRM-Systeme und CDP-Systeme.

7.1 Wie geht es rechtlich weiter – Zero-Party-Data als Lösung?

Bisher haben wir uns mit First-Party-Daten und mit Third-Party-Daten und die aus diesen Daten erwachsenden Möglichkeiten, aber auch mit den damit einhergehenden Einschränkungen auseinandergesetzt. Weiterhin wurden eingangs des Buches aktuelle Entwicklungen im Zusammenhang mit Datenschutz aufgezeigt.

Letztendlich stehen Unternehmen damit vor einem Dilemma: Auf der einen Seite fordern Kunden personalisierte Erlebnisse und Erfahrungen, auf der anderen Seite stehen die dafür notwendigen Daten künftig nur noch eingeschränkt zur Verfügung. Selbst wenn Unternehmen mit den besten verfügbaren und erlaubten Daten arbeiten, können oftmals nur Fragmente von Kundenprofilen erstellt werden, da die Daten nur bruchstückhaft zur Verfügung stehen oder mit Fehlern behaftet sind. In diesem Fall können auch CDPs – entsprechend dem aus der Informatik bekannten Prinzip „garbage in – garbage out" nur in begrenztem Umfang brauchbare Ergebnisse liefern.

Als eine mögliche Lösung in diesem Kontext sehe ich die sog. Zero-Party-Daten. Unter dem Begriff werden Daten verstanden, die ein Nutzer auf

© Der/die Autor(en), exklusiv lizenziert an Springer Fachmedien Wiesbaden   141
GmbH, ein Teil von Springer Nature 2023
J. Rashedi und L. Mauer, *Customer-Data-Plattformen*,
https://doi.org/10.1007/978-3-658-40540-3_7

freiwilliger Basis und in Erwartung einer Gegenleistung einem Unternehmen zur Nutzung zur Verfügung stellt. Zero-Party-Daten können sich auf unterschiedliche Sachverhalte beziehen wie bspw.:

* demografische Daten wie Alter oder Geburtsdatum,
* Interessen oder Kaufabsichten,
* Präferenzen für Erreichbarkeit oder Ansprechbarkeit oder
* Präferenzen für Werbung oder Werbeeinstellungen.

Damit wird deutlich, dass sich Zero-Party-Daten und First-Party-Daten inhaltlich überschneiden können, da ein konkretes Datum in Abhängigkeit von der Art der Generierung und der Zustimmung des Kunden sowohl ein Zero- als auch ein First-Party-Datum sein kann. Der Unterschied zwischen First-Party- und Zero-Party-Daten hängt davon ab, wie Benutzer ihre Einwilligungen erteilen. Während First-Party-Daten passiv über Kundeninteraktionen generiert werden, werden Zero-Party-Daten absichtlich vom Nutzer zur Verfügung gestellt.

Beispiel: Sammelt ein Unternehmen Daten über die Anzahl der Seitenbesuche einer Person, so handelt es sich um First-Party-Daten. Hat ein Nutzer sein Geburtsdatum aber im Rahmen einer Registrierung selbst angegeben und die Zustimmung zur weiteren Verwendung gegeben, so handelt es sich um ein Zero-Party-Datum.

Warum aber sind Zero-Party-Daten für ein Unternehmen so wichtig? Aufgrund der Zustimmung des Kunden können diese Daten uneingeschränkt verwendet werden – also bspw. zur Integration in eine CDP, um damit ein einheitliches Kundenprofil aufzubauen. Darüber hinaus weisen Zero-Party-Daten folgende Vorteile auf:

* **Aktualisierung der Daten durch den Nutzer:** Verfügt ein Nutzer über die Möglichkeit, seine Daten selbst zu ändern (z. B. in Form einer Self-Service-Oberfläche), so besteht die Möglichkeit, dass das Unternehmen auf aktuelle Kundendaten zugreifen kann (Beispiel Präferenzen für Informationen). Dadurch kann das Unternehmen überprüfen und z. B. feststellen, ob die aktuell an den Kunden versandten Newsletter noch passend sind oder der Kunde andere Inhalte in Form anderer Newsletter benötigt.
* **Qualität der Daten:** Zero-Party-Daten stammen direkt vom Kunden, es sind also keine weiteren Akteure in der Kette der Datensammlung (wie z. B. bei Third-Party-Data) dazwischengeschaltet. Dadurch besitzen Zero-Party-Daten einen sehr hohen Wahrheitsgehalt, die Wahrscheinlichkeit von Fehlern ist gering.

- **Kosten:** Beim Unternehmen fallen durch das eigentliche Sammeln der Daten keine Kosten an, da der Kunde sie freiwillig und aktiv zur Verfügung stellt. Indirekt können jedoch sehr wohl Kosten auftreten, bspw. durch den Modus der Erhebung (z. B. Anlage und Durchführung eines Gewinnspiels, um an die Kundendaten zu gelangen).

- **Konformität mit gesetzlichen Regelungen:** Sofern der Kunde seine Daten freiwillig zur Verfügung stellt und einer Verwendung der Daten zustimmt, so befindet sich das Unternehmen rechtlich gesehen immer auf der sicheren Seite.

- **Transparenz und Vertrauen in der Kundenbeziehung:** Mit der Verwendung von Zero-Party-Daten weiß der Kunde genau, woher diese Daten stammen, und er unterstellt dem Unternehmen z. B. auch keinen Datenkauf aus dubiosen Quellen. Dies hat positive Auswirkungen im Hinblick auf die Beziehung zwischen Kunde und Unternehmen.

Als Teil der Definition von Zero-Party-Daten wurde bereits angeführt, dass der Kunde die Einwilligung zur Nutzung der Daten gibt, weil er dadurch Vorteile für sich selbst erhält. Um also an Zero-Party-Daten zu gelangen, kann man auf folgenden Fragen:

1. Welche Daten benötige ich von Kunden, um meine definierten Ziele zu erreichen?
2. Welche Daten sollen davon durch Zero-Party-Daten abgedeckt werden?
3. Welche Vorteile muss ich dem Kunden versprechen und gewähren, damit er diese Daten zur Verfügung stellt?
4. Auf welche Art und Weise kann ich diese Daten vom Kunden gewinnen?

Im Hinblick auf die letzte Frage bestehen zahlreiche Möglichkeiten einer Umsetzung, sowohl online als auch offline. Online können bspw. Umfragen auf der eigenen Webseite oder dem eigenen Blog durchgeführt werden. Möglich sind auch Umfragen auf unterschiedlichen Social-Media-Plattformen, die Nutzung eines Preference-Centers, über das der Kunde einstellen kann, welche Newsletter oder anderweitigen Informationen er erhalten möchte, oder die Abfrage von Daten in Zusammenhang mit einer Registrierung. Aber auch offline können Daten gewonnen werden, bspw. über eine Kundenkarte oder die Abfrage der E-Mail-Adresse während des Bezahlvorganges.

Die Ausführungen sollten die Vorteile und Möglichkeiten von Zero-Party-Daten deutlich gemacht haben. Einige Marketer gehen sogar so weit zu behaupten, Zero-Party-Daten stellten den Heiligen Gral im Marketing dar. So weit möchte ich zwar nicht gehen, aber ich persönlich halte Zero-Party-Daten für eine sehr erfolgversprechende Ergänzung der vorhandenen Datenbasis, die insbesondere hilft, die Kundenbeziehung zu stärken.

7.2   B2B- versus B2C-CDP

Ein weiterer Aspekt, auf den ich im Zusammenhang mit der Auswahl von CDPs eingehen möchte, ist die Differenzierung zwischen Plattformen für B2B- und B2C-Märkte. Oder genauer gesagt: welche Besonderheiten existieren im Hinblick auf die Funktionalität und die Auswahlkriterien für B2B-CDPs im Vergleich zu B2C-CDPs?

Um die Unterschiede zu verstehen, schauen wir uns zunächst an, durch welche Eigenheiten und spezifischen Besonderheiten sich B2B-Märkte auszeichnen. Hierzu ist festzustellen, dass bei B2B-Unternehmen die Anzahl potenzieller Kunden deutlich geringer ist, wodurch nicht nur wenige Besucher auf der eigenen Webseite zu verzeichnen sind, sondern insgesamt auch weniger Daten generiert werden. Die Zielgrößen im B2B-Bereich sind im Gegensatz zum B2C-Bereich eher Leads und nicht Conversions. Weiterhin ist im B2B-Bereich ein geringeres Engagement der Kunden festzustellen.[1] Weitere relevante Unterschiede sind, dass im B2B-Bereich die Kaufentscheidung nicht von Einzelpersonen, sondern von Gremien (Buying-Center) getroffen wird, der Kaufprozess bis zur Entscheidung über Kauf oder Nichtkauf deutlich länger ist als im B2C-Bereich und der Aspekt der Beziehung zwischen Kunde und dem Verkäufer eine sehr große Rolle spielt.

Betrachtet man ferner die Tool-Landschaft im Marketing bei B2B-Unternehmen, so ist ein Hinterherhinken im Vergleich zu B2C-Unternehmen festzustellen. Konkret bedeutet das, dass innovative Technologien und neue Tools erst mit einem zeitlichen Verzug im B2B-Bereich Einzug finden.

Was nun den Einsatz einer CDP angeht, so sehen sich B2B-Unternehmen im Kern den gleichen Herausforderungen wie ihre Pendants im Endkundenbereich gegenüber, u. a.:

- Speicherung der Kundendaten in unterschiedlichen Systemen und Bereichen des Unternehmens ohne eine einheitliche Sicht auf den Kunden,
- unvollständige Kundenprofile, die eine Folge der verteilten Speicherung von Daten sind, sowie

---

[1] Siehe vertiefend hierzu auch den Abschnitt „Data & Analytics im B2B-Bereich" aus meinem Buch „Das datengetriebene Unternehmen" (vgl. Rashedi, 2022, S. 74 f.).

- daraus resultierende Herausforderungen bei der Ansprache von Kunden.

Darüber hinaus resultiert aus einem der angeführten Punkte eine noch höhere Bedeutung von CDPs im B2B-Bereich: Aufgrund der Tatsache, dass die Beziehung zwischen Kunde und Verkäufer eine sehr große Rolle spielt, kommt auch Informationen über den Kunden eine sehr hohe Bedeutung zu. Und eben jene können durch eine CDP gemanagt werden. Insofern ist es nicht verwunderlich, dass ein deutlich höherer Anteil an B2B-Unternehmen (34 %) den Einsatz einer CDP plant, als das bei B2C-Unternehmen (19 %) der Fall ist (vgl. CDP-Institute, 2021).

Die Bedeutung von CDP im B2B-Bereich lässt sich anhand einer Reihe von Use Cases anschaulich demonstrieren (vgl. Sun, 2020):

- **Identifizierung potenzieller Kunden auf der eigenen Webseite:** Mit einer B2B-CDP können anonyme Besucher auf der Webseite identifiziert werden, da CDPs über eine sog. Reverse-IP-Lookup-Funktion verfügen. Nach einer Identifizierung der Nutzer auf der Webseite können diese direkt angesprochen werden.
- **Identifizierung erfolgversprechender Accounts:** B2B-Unternehmen stehen vor der Herausforderung, sich auf die richtigen Leads zu konzentrieren. Eine B2B-CDP kann in diesem Kontext unterstützen, erfolgversprechende Nutzer zu identifizieren. Dies kann bspw. durch eine Analyse des Verhaltens der Nutzer auf der Webseite, eine Auswertung der Merkmale des potenziellen Kundenunternehmens oder des Verhaltens von Nutzern während des kostenlosen Probetrainings der eigenen Software erfolgen.
- **Identifizierung von Entscheidungsträgern:** Über eine B2B-CDP kann das Verhalten unterschiedlicher Personen eines Unternehmensaccounts analysiert und damit können im besten Fall die Entscheidungsträger identifiziert werden.

Bezüglich der (erforderlichen) Funktionalitäten von B2B-CDPs lassen sich einige Besonderheiten festhalten. Hierzu zählen u. a.:

- Fähigkeit zur Integration von Daten aus dem Vertrieb sowie von Third-Party-Daten,
- Flexibilität im Hinblick auf die Integration von Daten aus unterschiedlichen Systemen im Unternehmen,
- Skalierbarkeit, d. h., die CDP muss in der Lage sein, sich einer wachsenden Kundenanzahl und Datenmenge anzupassen,

- Unternehmensweiter Consent und dessen Berücksichtigung in der CDP, d. h.
  ...
  – Erfassen von Business-Entitäten als Organisationen, die mit Business-Attributen versehen sind,
  – eigenständige Attribute für die Business-Organisation, welche das Unternehmen als Ganzes segmentieren.

In einer umfassenden Analyse von 14 Anbietern von B2B-CDPs bewertet Gartner u. a. Aspekte wie die bereits angesprochene Fähigkeit zur Integration und Aufbereitung von Daten (z. B. Normalisierung, Lead-to-Account Matching, Cleansing), den Integrationsprozess sowie die unterstützten Datenquellen.

7.3   Konvergenz traditioneller CRM-Systeme und CDP-Systeme

Wie hat sich der CDP Markt in den letzten Jahren entwickelt? Um diese Frage zu beantworten, wollen wir uns die Entwicklung des Reifegrades einer CDP anschauen und dabei auf folgende zwei Fragen eingehen:

- Welche Anwendungsfälle löst die CDP?
- Welche Entwicklung nahm die CDP bisher und wohin wird sie sich in Zukunft entwickeln? (Abb. 7.1)

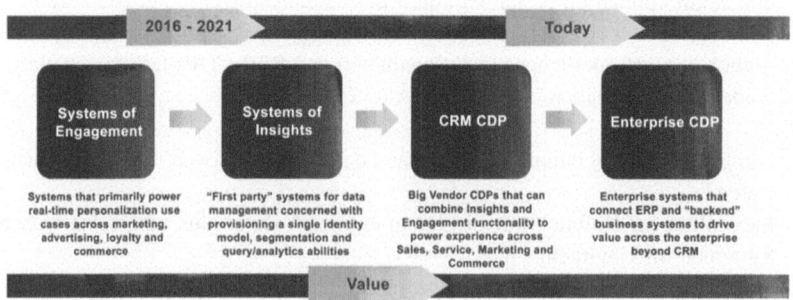

Abb. 7.1 Konvergenz traditioneller CRM-Systeme und CDP-Systeme. (Quelle: © SAP)

7.3.1 Das Marketing-Zeitalter (Systems of Engagement & Systems of Insights)

Viele große Software-Innovationen fanden im Marketing und in der Werbung statt, meist aufgrund der großen und flexiblen Budgets der Marketingverantwortlichen (Chief Marketing Officers, CMOs). Auch die Auswahl einer CDP fand häufig noch im Marketing statt. Es gab damals zwei Haupttypen von CDPs:

- CDPs vom Typ „Systems of Insights", die auf das Daten-Management abzielen (Datenaufnahme, -umwandlung, -segmentierung und -analyse) sowie
- CDPs vom Typ „Systems of Engagement", die einen Echtzeit-Profilspeicher nutzten, um bspw. Websites und Apps zu personalisieren und kanal- und systemübergreifende Erlebnisse zu bieten.

Damals konnte kein einziges System beide Arten von Funktionen effektiv miteinander kombinieren und die meisten dieser Systeme zielten darauf ab, E-Mail-Kampagnen besser zu gestalten, Customer Journeys intelligenter zu machen oder bessere kanalübergreifende Ansprachen durchzuführen.

7.3.2 Das CRM-Zeitalter

Vor allem seit dem Jahr 2021 sehen wir immer mehr, dass die personalisierte Ansprache der relevanten Zielgruppe „über das Marketing hinaus" gehen sollte und *alle* Berührungspunkte des Kunden mit der Marke bzw. dem Unternehmen berücksichtigt werden sollten. Was wäre, wenn CDPs ihren Nutzen auf den Service (Callcenter und Außendienst personalisierter gestalten), den Vertrieb (Vertriebsmitarbeiter erhalten einen tiefen Einblick in ihre Kontakte und Konten) und den Handel (Verbindung von In-Store- und E-Commerce-Erlebnissen, um eine stärkere Personalisierung zu erreichen, die zu mehr Upsell/Cross-Sell-Möglichkeiten führt) ausweiten könnten? Wenn wir über diese Berührungspunkte nachdenken, assoziieren wir sie mit CRM (Customer-Relationship-Management), von dem das Marketing nur ein konstituierendes Element ist. Konkret bedeutet das, dass wir in einem Zeitalter angekommen sind, in dem CDPs das Sammeln und Aktivieren von Daten von und zu jedem verbundenen Endpunkt realisieren müssen.

Kernaufgabe ist es demzufolge, alle vorhandenen Daten zu einem Kunden zu aggregieren und zu einer einheitlichen Sicht zusammenzufügen. Diese Daten können aus allen Systemen stammen, in denen Kundendaten gespeichert sind:

CRM-Systeme, Systeme aus dem Marketing oder Commerce-Lösungen, aber auch Finanzanwendungen, dem Warenwirtschaftssystem oder aus der Logistikkette. Eine stärkere Personalisierung sorgt für zufriedenere Kunden, verringert die Abwanderung und trägt zu einer stärkeren Loyalität bei, was wiederum den Umsatz und den gesamten Customer Lifecycle Value erhöht. Wie das Marketing-Zeitalter wird auch das CRM-Zeitalter noch einige Jahre andauern und jeder große Softwareanbieter wird seine Version der CDP bereitstellen.

Diese neue Ära ist auch deshalb wichtig, weil sie den CMO und sein Budget mit dem CIO/CTO zusammenbringt, der für die Technologie verantwortlich ist.

7.3.3 Enterprise CDP

Eine sehr spannende Frage ist: Wie entwickelt sich die CRM-orientierte Datenplattform weiter?

In der nächsten Phase, der Enterprise-Ära der CDP, gibt es eine Verknüpfung der CDP mit dem Backend des Unternehmens, der Unternehmensressourcenplanung (ERP). Dadurch kann auf Daten zurückgegriffen werden, die über die Kundenkontaktpunkte hinausgehen, aber für eine personalisierte Ansprache unerlässlich sind:

- Wie viel kann produziert werden und wie schnell?
- Ist genug Material auf Lager, um einen neuen Produktionslauf zu starten?
- Wie kann ich sicherstellen, dass ich zuerst an meine wirklich loyalen und wertvollen Kunden verkaufe, bevor ich andere Kunden anspreche?

Gerade in der aktuellen Situation mit Lieferengpässen spielen Echtzeit-Informationen aus der Lieferkette eine wichtige Rolle für ein positives Kundenerlebnis. Denn Verbraucher, die wochenlang auf eine ansonsten reibungslos erfolgte Online-Bestellung warten müssen, werden sehr schnell unzufrieden und kaufen bei diesem Anbieter kein zweites Mal ein. Insbesondere wenn sie keine proaktiven Informationen über den Grund der Verzögerung erhalten oder beim Service auf taube Ohren und Unkenntnis stoßen. Die resultierende Frage für Unternehmen ist: Wie können wir treue Kunden identifizieren und bevorzugt behandeln, neue, loyale Kunden gewinnen und die Nachfrage möglichst schnell erfüllen?

Abgesehen von der offensichtlichen Notwendigkeit, die Daten der Lieferkette mit den Endpunkten der Kundenansprache zu verbinden, gibt es weitere wichtige

Quellen von Unternehmensdaten, die bei der Bereitstellung von Kundenerlebnissen noch unerforscht sind oder heute noch nicht in großem Umfang aktiviert werden (z. B. Personaldaten, Finanzbuchdaten, Prozessautomatisierungsdaten usw.).

Beispiel für die Bedeutung von Daten aus dem Backend

Viele CDPs können „berechnete Einblicke" durch SQL-Abfragen oder Low-Code-Drag-and-Drop-Attribut-Tools bereitstellen. Dadurch ist es einfach, ein Lebenszeitwertmodell zu erstellen: Man berechnet, wie viel Geld für Marketing nötig ist, um ein Engagement zu erzeugen, zieht dies von den jährlichen Einkäufen in Geschäften und auf E-Commerce-Websites ab, fügt den Treuestatus und den Wert der verfügbaren Punkte hinzu und streut einige Einkommens- und demografische Daten ein, und schon erhält man den potenziellen Wert eines Kunden. Dieser LTV-Wert kann in einer Kampagne genutzt werden. Stellt diese Berechnung aber wirklich den wahren Wert eines Kunden dar? Berücksichtigt dieser Wert, wie oft dieser Kunde Produkte kauft und dann wieder zurückgibt? Es gibt viele Kunden mit hohem LTV, die aber 75 % der gekauften Produkte zurückgeben, was für das Unternehmen einen Nettoverlust bedeutet.◄

Werden die Daten aus den Backend-Systemen, die Auskunft über wertvolle Attribute geben, allerdings nicht in das Kundenprofil integriert, stehen Unternehmen vor der Gefahr, bei einem oberflächlichen Verständnis der Kunden zu bleiben.

7.3.4 Welche Daten sind für eine CDP unerlässlich?

Teil jeder Datenstrategie sollte es sein, dass Unternehmen für sich definieren, welche Daten sie benötigen. Eine unerlässliche Daten-Quelle sind die First-Party-Daten, also die Daten, die direkt vom Kunden gesammelt werden. Fast jede Interaktion eines Unternehmens mit einem potenziellen Kunden findet anonym statt. Das bedeutet, das Unternehmen weiß nicht, wer der User im Webshop ist. Aus diesem Grund wird es immer wichtiger, eine Infrastruktur zur Erfassung, Vereinheitlichung und Aktivierung von Daten im Bereich der pseudonymen Identität zu haben.

GDPR, CCPA und andere Datenschutzgesetze haben die Möglichkeiten von Unternehmen zur Erfassung von Nutzungsdaten stark eingeschränkt. Heutzutage ist die Zustimmung der Verbraucher nötig, um ihre Daten zu nutzen.

CDPs helfen Unternehmen bei der Verwaltung bekannter und unbekannter Daten in einer Welt, in der First-Party-Daten die Hauptrolle spielen. Im Gegensatz zu DMPs, die nur eine pseudonyme Identität verwalteten und hauptsächlich mit einem ID-Typ (Cookies) arbeiteten, versprechen CDPs einen ganzheitlicheren Ansatz für die Identität, indem sie ein breites Spektrum von Benutzerdaten erfassen und vereinheitlichen, von Cookies über E-Mail-Adressen und Postadressen bis hin zu allen Arten von IDs, die für ein Unternehmen wichtig sind.

Es überrascht nicht, dass die Funktionen zur Verwaltung der Kundenidentität zum wichtigsten Merkmal der CDP geworden sind.

Wir treten jetzt in eine Zeit ein, in der sich der Ansatz für die Identität umgedreht hat. Jetzt geht es von unten nach oben: Die Verbraucher müssen sich bei Systemen authentifizieren, eine Beziehung zu Marken aufbauen, denen sie vertrauen, und ihre Kommunikationspräferenzen angeben. Wenn sich die neue Welt der Kundenidentität um authentifizierte Daten dreht, in die man eingewilligt hat, dann brauchen alle Marken ein System zur Erfassung von Nutzerdaten und zur Verwaltung von Einwilligungen und Präferenzen in großem Umfang. Dieses System ist das Herzstück der Datenverwaltung.

Die Daten über einen Kunden sind die zwingend notwendige Voraussetzung für eine personalisierte Kundenerfahrung (z. B. Ansprache zur richtigen Zeit, personalisierte Webseite …), was wiederum in einer positiven Kundenerfahrung mündet.

Literatur

CDP Institute. (2021). CDP use cases: What users want. https://www.cdpinstitute.org/wp-content/uploads/2021/12/CDPI-2324-Use-Case-Generator-Report.pdf. Zugegriffen: 13. Sept. 2022.

Rashedi, J. (2022). *Das datengetriebene Unternehmen*. Springer Gabler.

Sun, A. (2020). Top CDP use cases for B2B in 2020. https://www.hull.io/blog/b2b-cdp-use-cases.html. Zugegriffen: 13. Sept. 2022.

Schlussbetrachtung 8

Zusammenfassung

Die richtige Nachricht zur richtigen Zeit an die richtige Person über das richtige Device – dieser Satz fasst den Anspruch an uns Marketer zusammen. Eine CDP stellt eine Möglichkeit dar, diesem Anspruch gerecht zu werden oder zumindest näher zu kommen.

Die richtige Nachricht zur richtigen Zeit an die richtige Person über das richtige Device – das sollte unser Credo und unser Anspruch sein. Oder anders ausgedrückt und unter Bezugnahme auf das Vorwort zu diesem Buch: Lasst uns alle Tage des Kunden zu perfekten Tagen machen, an denen er sich gut durchdachten Kundenreisen und personalisierten Einkaufserlebnissen gegenübersieht.

Wie ein Unternehmen dies bewerkstelligt, ist grundsätzlich zweitrangig. Wichtig ist das Ergebnis in Form eines erstklassigen Einkaufserlebnisses, und nicht die eingesetzten Technologien, die ausgeführten Prozesse oder die zugrunde liegenden Strukturen eines Unternehmens.

Als Triathlet kann ich dazu wieder eine genauso einfache wie einleuchtende Analogie bieten: Mit welchen Methoden Du trainierst und welches Fahrrad Du besitzt, ist grundsätzlich egal. Das einzige Relevante ist, dass Dein Training mit Deinem Fahrrad dazu führt, dass Du im Wettkampf die Strecke von A nach B schneller zurücklegst als die Konkurrenz.

Aber unabhängig vom vielleicht zum Buzzword verkommenen Begriff CDP: In der Zukunft müssen wir alle unsere Aktivitäten, Strukturen und IT-Architekturen so aufbauen und auch fortwährend hinterfragen und überprüfen, dass wir dem gerade angeführten Credo gerecht werden. Zentral in meinen Augen ist es erstens, die Anzahl der Besucher und Kunden zu steigern: Denn je mehr

J. Rashedi und L. Mauer, *Customer-Data-Plattformen*,
https://doi.org/10.1007/978-3-658-40540-3_8

Kunden ich habe, desto mehr Daten kann ich auswerten und desto mehr Erkenntnisse kann ich gewinnen. Darauf aufbauend ist es zweitens wichtig, eine sehr detaillierte Segmentierung zu realisieren, und zwar über eine soziodemografische Segmentierung hinausgehend (Attributionsanalyse). Drittens ist es notwendig, eine Zuordnung zwischen den Attributen der Kunden und den Produkten vorzunehmen, d. h., welche Attribute eines Kunden weisen auf eine Affinität zu welchen Produkten meines Unternehmens hin?

Ob zu den angeführten drei Punkten eine CDP eingesetzt werden muss, sei dahingestellt. Unstrittig ist meines Erachtens jedoch, dass die Zukunft unserer Unternehmen vom Technologieeinsatz abhängt. Ich bin der festen Überzeugung, dass Unternehmen, die jetzt nicht damit beginnen, ihre Nutzer zu identifizieren und die daraus resultierenden Daten zu zentralisieren, in der Zukunft erhebliche Nachteile im Wettbewerb haben werden.

Das personalisierte Erlebnis beim Einkaufen stellt für den Kunden einen Vorteil dar, weil wir ihm das Leben angenehmer und die Erledigung seiner Aufgaben einfacher machen. Allerdings müssen wir auch berücksichtigen, dass wir nur dann einen wirklichen Mehrwert für den Kunden erzeugen, wenn unser Handeln für den Kunden transparent bleibt. Arbeiten wir zu stark mit der Black Box, so besteht m E. auch sehr schnell die Gefahr einer Ablehnung.

Realistisch betrachtet sind aber eine gute Kenntnis des Kunden und ein darauf aufbauendes Einkaufserlebnis nichts grundlegend Neues – es ist nur in Vergessenheit geraten: Vor 50 Jahren kannte der örtliche Einzelhändler mit seinem Krämerladen („Tante-Emma-Laden") seine Kunden sehr genau. Und zwar jeden seiner Kunden, außer der zufälligen Laufkundschaft. Durch die „Discounterisierung" ist uns dieses Erlebnis aber abhandengekommen. Und wir setzen nun Technologien ein, um uns das zurückzuholen.

Aber wie so oft geht es nicht nur um den Einsatz von Technologien. Ich bin der Überzeugung, dass wir umdenken müssen – und zwar ganz grundlegend: Früher haben wir unsere Unternehmens-, Wettbewerbs- und Marketingstrategien auf Basis von zumeist unvollständigen Daten entwickelt. Diese wurden dann in operative Maßnahmen wie die Gestaltung des Offline- oder des Online-Shops heruntergebrochen. Der Kunde wurde in diesem Prozess aber nur wenig bis gar nicht eingebunden, maximal über Umfragen, die dann aber eher ihre Wirkung auf der operativen Ebene entfalteten. Heute haben wir dazugelernt: Wir fragen unsere Kunden, zumindest indirekt. Wir schauen uns die Tonnen an Daten an, die jede Minute von unseren Kunden produziert werden, und leiten daraus Folgerungen für unser Verhalten, also für unsere Strategien, ab.

Glossar

API Ein API (Application Programming Interface) ist ein Satz von Befehlen, Funktionen, Protokollen und Objekten, die Programmierer verwenden können, um eine Software zu erstellen oder mit einem externen System zu interagieren.

ATT ATT steht für App Tracking Transparency und sorgt dafür, dass Drittanbieter von Apps für das Betriebssystem iOS des Unternehmen seit der 14.5 version beim Aufruf der App eine Frage einblenden müssen, ob der Nutzer ein Werbetracking erlauben möchte oder nicht.

BI Business Intelligence (BI) ist ein technologiegetriebener Prozess zur Analyse von Daten und zur Präsentation verwertbarer Informationen. In Unternehmen versteht man unter BI in der Regel die technologische Basis für das zentrale Reporting im Controlling-Umfeld.

CDP Siehe ausführliche Definition im Buch.

Client-Built Data Load Dieses Verfahren beschreibt das Speichern der relevanten daten beim User selbst, welche bei Bedarf abgerufen werden können.

CLV CLV, abgekürzt von Customer Lifetime Value, beschreibt die Summe des Umsatzes, den ein Kunde beim Unternehmen hinterlässt.

Consent Der Begriff Consent bezieht sich auf die Einwilligung des Kunden für das Tracken seines Surfverhaltens.

Cookie Unter einem Cookie wird eine kleine Textdatei verstanden, die ein Browser beim Surfen auf dem Computer des Nutzers abspeichert. In einem Cookie werden eine Nutzer-ID sowie z. B. Login-Daten gespeichert. Differenziert wird zwischen First-Party- und Third-Party-Cookies.

CRM CRM steht für Customer-Relationship-Management, also das Kundenbeziehungsmanagement, und bezeichnet eine Strategie zur systematischen Gestaltung der Beziehungen und Interaktionen zwischen dem Unternehmen und dem Kunden.

© Der/die Herausgeber bzw. der/die Autor(en), exklusiv lizenziert an Springer 153
Fachmedien Wiesbaden GmbH, ein Teil von Springer Nature 2023
J. Rashedi und L. Mauer, *Customer-Data-Plattformen*,
https://doi.org/10.1007/978-3-658-40540-3

Cross-device-challenge Herausforderung des Werbetreibenden, die durch die massive Steigerung der Anzahl der genutzten Endgeräte entsteht, einen spezifischen Nutzer über mehrere Endgeräte hinweg zu identifizieren.

Customer Journey Die Customer Journey (Kundenreise), auch als Buyer's Journey oder Users Journey bezeichnet, ist ein Begriff aus dem Marketing und definiert die einzelnen Phasen, die ein Kunde durchläuft, bevor er sich für den Kauf eines Produktes oder einer Dienstleistung entscheidet und darüber hinaus.

CX Die Abkürzung CX steht für Customer Experience (= Kundenerlebnis). Das Kundenerlebnis stellt die Summe der Eindrücke dar, die ein Kunden mit einem Unternehmen über alle Touchpoints hinweg besitzt. Das Kundenerlebnis reicht vom ersten Kontakt des Kunden mit dem Unternehmen bis zur Phase der Produktnutzung. Aufgabe von Unternehmen ist es, das Kundenerlebnis zu steuern und für den Kunden möglichst positiv zu gestalten, um eine Differenzierung zum Wettbewerb über die angebotenen Leistungen hinweg zu erreichen.

Deterministische ID Der Begriff deterministische ID bezieht sich auf ein mögliches Vorgehen zum Aufbau eines Profils. Persistente IDs und probabilistische IDs stellen die beiden anderen Möglichkeiten dar. Bei einer deterministisch gewonnenen ID wird versucht, einen Nutzer über Merkmale zu identifizieren, die sich im Zeitablauf nicht verändern. Ein Beispiel wäre die Nutzung der eindeutigen MAC-Adresse eines Gerätes. So können z. B. zwei Profile zusammengeführt werden, wenn von der gleichen MAC-Adresse sowohl eine E-Mail versendet als auch unabhängig davon eine Webseite besucht worden ist. Durch die gleiche MAC-Adresse kann davon ausgegangen werden, dass die Aktionen vom gleichen Gerät und damit mit einer hohen Wahrscheinlichkeit von der gleichen Person ausgeführt worden sind.

DMP DMP steht für Data Management Platform. Darunter wird eine Datenbank verstanden, in der die Daten von Nutzern gesammelt und ausgewertet werden, um damit Online-Kampagnen aufzusetzen, zu steuern und zu optimieren. Ein großer Vorteil von DMPs ist, dass trennscharfe Zielgruppen gebildet werden können, wodurch die Streuverluste einer Online-Kampagne reduziert werden können.

DSGVO Die DSGVO oder Datenschutz-Grundverordnung stellt eine europaweit einheitliche Regelung für den Umgang mit personenbezogenen Daten durch Unternehmen dar. Sie gilt seit dem 25. Mai 2018 und verfolgt, stark vereinfacht ausgedrückt, das Ziel, dem Bürger eine bessere Möglichkeit zur Kontrolle seiner Daten und zur Selbstbestimmung zu geben.

End User Data Load Der Begriff bezieht sich auf eine Eigenschaft einer CDP. Eine CDP mit der Funktion End User Data Load ermöglicht es auch Nutzern ohne technischen Hintergrund oder die Fähigkeit zu programmieren, neue Datenquellen an die CDP anzuschließen.

Entität Eine Entität bezeichnet entweder einen konkret vorhandenen oder einen abstrakten Gegenstand. In der Informatik bezeichnet eine Entität ein eindeutig zu identifizierendes Informationsobjekt, bspw. eine Person, einen Gegenstand oder einen Zustand. In Datenbanken sind Entitäten unterschiedlichen Typen zugeordnet und zeichnen sich durch Attribute, Attributwerte sowie Beziehungen zueinander aus.

ERP und ERP-System Der Begriff ERP steht für Enterprise-Resource-Planning und bezieht sich auf die unternehmerische Aufgabe, die im Unternehmen vorhandenen Ressourcen zu planen. Ressourcen können bspw. die Mitarbeiter, Kapital, Material oder Informationen sein. ERP-Systeme sind Softwarelösungen, die bei der Ressourcenplanung eines Unternehmens oder einer Organisation unterstützen. In ERP-Systemen sind folglich umfangreiche unternehmensinterne (z. B. zu Produktdaten oder zur Produktionsplanung) und auch unternehmensexterne Daten (z. B. Kundendaten) gespeichert, die für andere Systeme wie bspw. eine CDP von Relevanz sein können.

ETP Der Begriff steht für Enhanced Tracking Protection und bezieht sich auf eine Einstellung des Browsers Firefox. Über ETP können sowohl Cookies als auch Tracker geblockt werden.

First-Party-Cookies First-Party-Cookies sind Cookies, die von der Webseite gesetzt werden, auf der sich ein Nutzer gerade befindet. Diese Cookies können nur vom Webseitenbetreiber abgerufen und genutzt werden. First-Party-Cookies bieten dem Nutzer generell ein höheres Maß an Nutzererfahrung, da über diese Cookies bspw. präferierte Einstellungen oder sich im Warenkorb befindliche Artikel gespeichert und beim nächsten Seitenbesuch des Nutzers wieder aktiviert werden können. Darüber hinaus können First-Party-Cookies vom Webseitenbetreiber aber auch zu Marketingzwecken genutzt werden, bspw. zum Retargeting.

Geräte-ID Unter der Geräte-ID wird eine Zeichenfolge verstanden, die jedem Gerät mit Internetzugang (z. B. Computer, Notebook, Fernseher, mobiles Endgerät) zugeordnet ist. Geräte-IDs können genutzt werden, um Nutzer zu identifizieren. So führt bspw. Google Analytics alle Daten zu einem Nutzerpfad zusammen, die von der gleichen Geräte-ID stammen.

Golden Record In einem Unternehmen können in unterschiedlichen Systemen unterschiedliche Informationen zu einem Kunden gespeichert sein. Konkret bedeutet das, dass zu einem Kundenattribut des Kunden (z. B. präferierter Kommunikationskanal) unterschiedliche Aussagen vorliegen. Aufgabe ist es nun, die Informationen zu einem Kunden aus den unterschiedlichen Quellen zusammenzuführen und je Kundenattribut diejenige Ausprägung zu wählen, die am wahrscheinlichsten ist. Diese wahrscheinlichste Ausprägung wird als „Golden Record" bezeichnet.

Hard-ID Bei der Identifizierung von Nutzern wird zwischen Hard- und Soft-IDs differenziert. Bei einer Identifizierung über eine Hard-ID werden Identifier genutzt, die in der Regel einmalig sind. So ist einer E-Mail-Adresse in der Regel eine konkrete Person zugeordnet.

IDFA Die Abkürzung IDFA steht für Identifier for Advertising. Es handelt sich hierbei um eine Kennung von Geräten des Herstellers Apple, die sowohl Entwickler als auch Werbetreibende nutzen können. Werbetreibende können über die IDFA bspw. Remarketing-Kampagnen steuern oder Käufe erfassen.

ID-Resolution Mit dem Begriff ID-Resolution wird der Prozess bezeichnet, bei dem durch die Zusammenführung und Konsolidierung von Datenpunkten unterschiedliche Touchpoints und Geräte ein einziges Bild vom Kunden aufgebaut und in Form eines einzigen Profils gespeichert wird. Damit ist eine ganzheitliche Sicht auf den Kunden über alle Kanäle hinweg möglich.

Ingest Der Begriff Ingest bezeichnet bei einer CDP den Import von Daten aus unterschiedlichen Quellen in die CDP, wo diese weiterverarbeitet werden können.

Insights Ein Insight stellt eine Erkenntnis dar, die aus Beobachtungen bzw. der Analyse von Beobachtungen gewonnen worden ist und gleichzeitig dazu geeignet ist, ein relevantes Problem zu lösen oder clevere Maßnahmen abzuleiten. In unserem Kontext beziehen sich Insights zumeist auf den Kunden (z. B. Kundenverhalten) oder ein Produkt (z. B. Produktnutzung durch den Kunden).

IoT IoT steht als Abkürzung für das Internet of Things und bezeichnet den Zustand der Vernetzung von Hardware über das Internet. IoT-Geräte sind mit Komponenten zum Senden und Empfangen von Daten ausgestattet. Auf diese Weise kann ein Gerät z. B. Zustandsdaten automatisch übermitteln. Diese Daten können an anderer Stelle ausgewertet werden. So kann bspw. ein Hersteller Gebrauchsdaten eines Gerätes analysieren und auf Basis dieser Daten Services anbieten.

IP-Lookup-Funktion IP-Lookup beschreibt das Vorgehen, einer IP-Adresse einen konkreten Standort zuzuordnen. Durch eine IP-Lookup-Funktion kann so bspw. festgestellt werden, aus welcher geografischen Region die Besucher einer Webseite stammen.

IP-Warming Internetservice-Provider versuchen zu verhindern, dass eine Person oder Organisation eine IP-Adresse nutzt, um massenhaft E-Mails zu versenden, die für den Empfänger Spam darstellen. Nutzt ein Unternehmen eine neue IP-Adresse für den Versand von E-Mails, so muss für diese IP eine Reputation aufgebaut werden. Dies geschieht, indem das Volumen an über die neue IP-Adresse versendete E-Mails-schrittweise gesteigert wird. Der Prozess der langsamen Erhöhung des Volumens zum Aufbau von Reputation wird als IP-Warming bezeichnet.

ITP Der Begriff ITP steht für Intelligent Tracking Prevention. Es handelt sich dabei um ein auf Machine Learning beruhendes Verfahren, das das webseitenübergreifende Tracking eines Nutzers durch Webseiten einschränkt, indem Cookies blockiert werden.

Künstliche Intelligenz (KI) Künstliche Intelligenz bezeichnet zunächst die Nachahmung menschlicher Intelligenz. Das bedeutet, dass sich Künstliche Intelligenz damit auseinandersetzt, menschliches Problemlösungs- und Entscheidungsverhalten durch Maschinen nachzuahmen. Künstliche Intelligenz stellt gleichzeitig einen Übergriff dar, da unterschiedliche Arten von Künstlicher Intelligenz existieren. Maschinelles Lernen eine mögliche Ausprägung von Künstlicher Intelligenz dar, ein andere Ausprägung wären neuronale Netze.

KVP Die Abkürzung KVP steht für kontinuierlicher Verbesserungsprozess. Es handelt sich um einen Ansatz, der sich auf eine fortwährende Optimierung von Produkten, Service und Prozessen in kleinen Schritten auszeichnet. Der Ansatz stammt ursprünglich aus Japan (Kaizen).

LTV LTV steht als Abkürzung für den Term Lifetime Value. Verstanden wird unter dem LTV der Nettogewinn, den ein Kunde während seiner Geschäftsbeziehung zu einem Unternehmen generiert. Für die Berechnung des LTV existiert eine Reihe unterschiedlicher Ansätze, die sich im Hinblick auf den Berechnungsaufwand sowie die Genauigkeit der Ergebnisses unterscheiden.

MAID MAID steht für Mobile Ad ID. Der Begriff bezeichnet eine Identifikationsnummer, die einem mobilen Endgerät für das Betriebssystem zugewiesen wird. Über die MAID können bspw. Hersteller von Apps Nutzer identifizieren. Bei mobilen Endgeräten mit Betriebssystem iOS wird die Identifikationsnummer auch Identifier for Advertisers (IDFA), bei Geräten mit dem Android Betriebssystem als Google Advertising ID (GAID) bezeichnet.

Marketing-Automation-Tool Bei einem Marketing-Automation-Tool handelt es sich um eine Software, die ehemals manuell ausgeführte Prozesse automatisch umzusetzen in der Lage ist.

ML Der Begriff steht für Machine Learning (= Maschinelles Lernen). Dabei handelt es sich um ein Teilgebiet der Künstlichen Intelligenz. ML ermöglicht den Aufbau von Wissen aus gemachten Erfahrungen. So kann z. B. eine Maschine aus der Analyse einer Vielzahl an Beispielen Muster und Zusammenhänge erkennen und daraus ein Modell aufbauen. Die generierten Modelle sind umso besser, je mehr Daten zur Verfügung stehen. Zielsetzung von ML ist es, die Entscheidungsfindung des Menschen zu unterstützen und Vorhersagen über Entwicklungen zu treffen.

Near Time Die Begriffe Real Time und Near Time beziehen sich auf das Alter von Daten bei ihrer Verarbeitung. Near Time bedeutet, dass Daten nicht unmittelbar nach deren Entstehen verarbeitet werden, jedoch so schnell wie möglich. Eine genaue Zeitspanne existiert hierzu jedoch nicht. Je nach Anwendungsfall kann der Verzug bis zur Verarbeitung nur wenige Sekunden oder aber auch mehrere Tage umfassen.

NoSQL-Datenbanken NoSQL-Datenbanken sind Datenbanken, die nicht den relationalen Ansatz verfolgen, also die Daten nicht in tabellenartigen Strukturen mit Zeilen und Spalten speichern. NoSQL-Datenbanken speichern Daten in einzelnen Dokumenten, was diese Art von Datenbank nicht nur flexibler, sondern auch besser skalierbar macht.

NPS Die Abkürzung NPS steht für Net Promoter Score. Beim NPS handelt es sich um einen Indikator, der Aufschluss über die Weiterempfehlungsbereitschaft der Kunden gibt. Indirekt kann von der Weiterempfehlungsbereitschaft auch auf die Kundenzufriedenheit und die Kundenbindung geschlossen werden. Für die Berechnung des NPS wird die Differenz aus Promotoren (Kunden, die das Unternehmen mit hoher Wahrscheinlichkeit weiterempfehlen) und Detraktoren (Kunden, die das Unternehmen mit hoher Wahrscheinlichkeit nicht weiterempfehlen) gebildet.

One Face to the Customer Das One-Face-to-the Customer-Prinzip stellt eine Vorgehensweise von Unternehmen in Zusammenhang mit dem Kundenbeziehungsmanagement dar. Konkret bedeutet das Prinzip, dass dem Kunden ein einziger Ansprechpartner zur Verfügung gestellt wird, der sich allen Problemen des Kunden annimmt, unabhängig davon, ob die Probleme bspw. technischer oder administrativer Natur sind.

On-Premises On Premises ist in Zusammenhang mit der Nutzung von serverbasierter Software-Lösungen zu sehen. On Premises bedeutet, dass ein Kunde von einem Anbieter eine Software-Lösung kauft oder mietet und diese dann entweder im unternehmenseigenen Rechenzentrum oder in einem Fremdrechenzentrum betreibt. On Premises bedeutet explizit nicht, dass die Software auf den Servern des Softwareanbieters betrieben wird. Das Gegenstück zu On Premise stellt das Software-as-a-Service-Modell dar, bei dem ein Unternehmen nicht nur die Software vom Anbieter bezieht, sondern auch den Betrieb und die Wartung.

Persistente ID Der Begriff persistente ID bezieht sich auf ein mögliches Vorgehen zum Aufbau eines Profils. Bei diesem Vorgehen erfolgt die Identifizierung über persönliche Daten wie bspw. eine IP-Adresse.

POS Die Abkürzung POS bezeichnet den Point of Sale und damit denjenigen Ort, an dem ein Verkauf erfolgt. Ein POS kann entweder stationär (z. B. Ladenlokal) oder temporär (z. B. Marktstand, Pop-up-Store) sein.

Probabilistische ID Der Begriff probabilistische ID bezieht sich auf ein mögliches Vorgehen zum Aufbau eines Profils. Bei einer probabilistisch gewonnen ID wird versucht, einen Nutzer über wahrscheinliche Übereinstimmungen zu identifizieren. So kann bspw. bei zwei unterschiedlichen Endgeräten mit der gleichen IP davon ausgegangen werden, dass es sich um ein- und denselben Nutzer handelt.

Real Time Die Begriffe Real Time und Near Time beziehen sich auf das Alter von Daten bei ihrer Verarbeitung. Real Time Time bedeutet, dass Daten kontinuierlich erfasst und unmittelbar nach ihrer Entstehung verarbeitet werden. „Unmittelbar" bedeutet in Zusammenhang mit Real Time jedoch nicht sofort, vielmehr können einige Sekunden zwischen der Entstehung und der Erhebung der Daten liegen.

REST-Schnittstelle Die Abkürzung REST steht für „Representational State Transfers" und bezeichnet eine Programmier-Schnittstelle, die den Datenaustausch zwischen unterschiedlichen Systemen ermöglicht.

RFM-Analyse Die RFM-Analyse stellt ein Verfahren zur Berechnung des Kundenwertes dar. Methodisch gehört die RFM-Analyse zu den Scoring-Modellen. Die Analyse nutzt drei Kennzahlen, um die Kunden in einzelne Segmente einzuteilen. Die drei Kennzahlen sind: (1) Recency (= Aktualität): Diese Kennzahlen gibt darüber Auskunft, wann der Kunde zuletzt im Unternehmen gekauft hat, und stellt damit ein Maß an Aktivität des Kunden sowie zur Wiederkaufwahrscheinlichkeit des Kunden dar. (2) Frequency (= Häufigkeit): Die zweite Kennzahl trifft eine Aussage zur Kaufhäufigkeit des Kunden. Die Häufigkeit kann entweder auf eine spezifische Zeitperiode oder auf die gesamte Dauer der Kundenbeziehung angewendet werden. (3) Monetary Value (= Geldwert): Über die letzte der drei Kennzahlen wird ermittelt, welchen monetären Mehrwert der Kunde für das Unternehmen geschaffen hat. Dieser Wert kann sich entweder auf eine spezifische Zeitperiode oder die gesamte Kundenbeziehung beziehen. Eine Einteilung in unterschiedliche Segmente erfolgt nun insofern, als für jede der drei Kennzahlen Kategorien gebildet und diese mit einer Punktzahl versehen

werden. In der Folge wird jeder Kunde einer Kategorie je Kennzahl zugeordnet und erhält damit automatisch einen Punktwert. Die Punkte werden über
alle drei Kategorien summiert. Abschließend können die Kunden entsprechend
ihrem Punktwert in unterschiedliche Segmente eingeteilt werden.

RfP Ein RfP, ausgeschrieben Request for Proposal, wird in Zusammenhang mit
der Suche nach und der Auswahl einer Softwarelösung eingesetzt. Es handelt
sich dabei um eine Zusammenfassung von Anforderungen an die Software-
Lösung, Anforderungen an den Service und ggf. weitere für die spätere
Vertragsgestaltung relevanten Aspekte. die ein Unternehmen bzw. ein Unter-
nehmensbereich an eine Software-Lösung besitzt. Zudem wird der Preis von
den potenziellen Lieferanten abgefragt. Dieses Dokument kann an unterschiedliche Softwarehersteller übermittelt werden, sodass das Unternehmen einen sehr
guten Überblick über die aktuelle Marktlage erhält.

SDK Die Abkürzung SDK steht für Software Development Kit und bezeichnet eine Sammlung von Werkzeugen und Bibliotheken, die ein Programmierer
zur Entwicklung von Software nutzen kann. Zur Verfügung gestellt werden die
SDKs meistens von Hard- und Softwareanbietern, um Programmierern die Entwicklung von Anwendungen für ihre jeweilige Plattform zu erleichtern und so
die Entwicklung des eigenen Ökosystems zu forcieren.

SFTP SFTP steht für Secure File Transfer Protocol und stellt ein Protokoll
zur sicheren Datenübertragung dar. Realisiert wird dies, indem die übermit-
telten Daten verschlüsselt werden. Dies stellt ein höheres Maß an Sicherheit im
Vergleich zur Alternative FTP (File Transfer Protocol) dar, bei dem nur eine ein-
malige Authentifizierung über einen Nutzernamen und ein Passwort notwendig
ist.

Single-Customer-View Der Single-Customer-View (SCV), auch als 360°-Bild
des Kunden bezeichnet, beschreibt ein Konzept, das darauf beruht, alle
über die Kunden vorhandenen Daten aus unterschiedlichen Abteilungen und
Bereichen zusammenzuführen und zu konsolidieren, sodass umfassende und
verlässliche Kundenprofile entstehen. Diese Kundenprofile können sowohl persönliche, demografische als auch psychografische Daten, Verhaltensdaten und
Transaktionsdaten umfassen.

Single-Source-of-Truth Eine Single-Source-of-Truth (SSOT) ist ein konzep-
tioneller Ansatz, der besagt, dass die in einem Unternehmen getroffenen
Entscheidungen auf einem einzigen und verlässlichen Datenbestand beruhen
sollen. Geschaffen wird ein SSOT, indem die in einem Unternehmen vorhandenen Daten an einem einzigen Ort aggregiert werden, auf den alle Mitarbeiter
Zugriff haben. Das Gegenteil von SSOT ist ein Zustand in einem Unternehmen, bei dem die Daten in unterschiedlichen Bereichen und Systemen (Silos)

gespeichert sind und kein Überblick über die vorhandenen Daten sowie deren Verlässlichkeit besteht.

Soft-ID Bei der Identifizierung von Nutzern wird zwischen Hard- und Soft-IDs differenziert. Ein typisches Beispiel für eine Soft-ID ist ein Cookie. Über ein Cookie ist zwar eine Identifizierung des Nutzers möglich, allerdings erhält der Nutzer ein anderes Cookie, wenn er die Webseite mit einem anderen Endgerät besucht. Damit legen zwei Cookies vor, die jedoch zum gleichen Nutzer gehören.

SQL Bei SQL (Structured Query Language) handelt es sich um eine Programmiersprache, die eine Handhabung von relationalen Datenbanken ermöglicht. Konkret können über die Programmiersprache Operationen über die in einer Datenbank vorhandenen Daten durchgeführt werden, also z. B. das Verändern, Einfügen, Zusammenführen oder Löschen von Daten.

Third-Party-Cookies Bei Third-Party-Cookies handelt es sich um Cookies, die nicht vom Webseitenbetreiber, sondern zumeist von einem Werbetreibenden (= dritte „Partei") gesetzt werden. Über Third-Party-Cookies soll das webseitenübergreifende Nutzungsverhalten eines Nutzers erfasst und ein Profil abgeleitet werden, um basierend auf diesem Profil Werbung schalten zu können.

Zero-Party-Daten Zero-Party-Daten sind Daten, die ein Kunde von sich aus vollkommen freiwillig mit einem Unternehmen teilt. Beispiele für Zero-Party-Daten sind Daten zu Kaufabsichten und dem persönlichen Kontext der Person.

The manufacturer's authorised representative in the EU is Springer
Nature Customer Service Centre GmbH, Europaplatz 3, 69115 Heidelberg,
Germany. If you have any concerns regarding our products, please
contact ProductSafety@springernature.com

Printed and bound by CPI Group (UK) Ltd, Croydon, CR0 4YY

01/05/2026

02101080-0002